PLAIDOYERS.

PLAIDOYERS
DE Mᴱ NIBELLE,

AVOCAT A LA COUR ROYALE DE PARIS,

POUR

M. DE GRAINVILLE,

ANCIEN PROCUREUR DU ROI,

ET POUR

L'AMI DE LA VÉRITÉ,

JOURNAL DE LA NORMANDIE.

───────

Cour d'Assises du Calvados.

AUDIENCES DES 6, 7 ET 8 DÉCEMBRE 1832.

PARIS.

IMPRIMERIE DE AUGUSTE AUFFRAY,

PASSAGE DU CAIRE, N. 54.

──

1833.

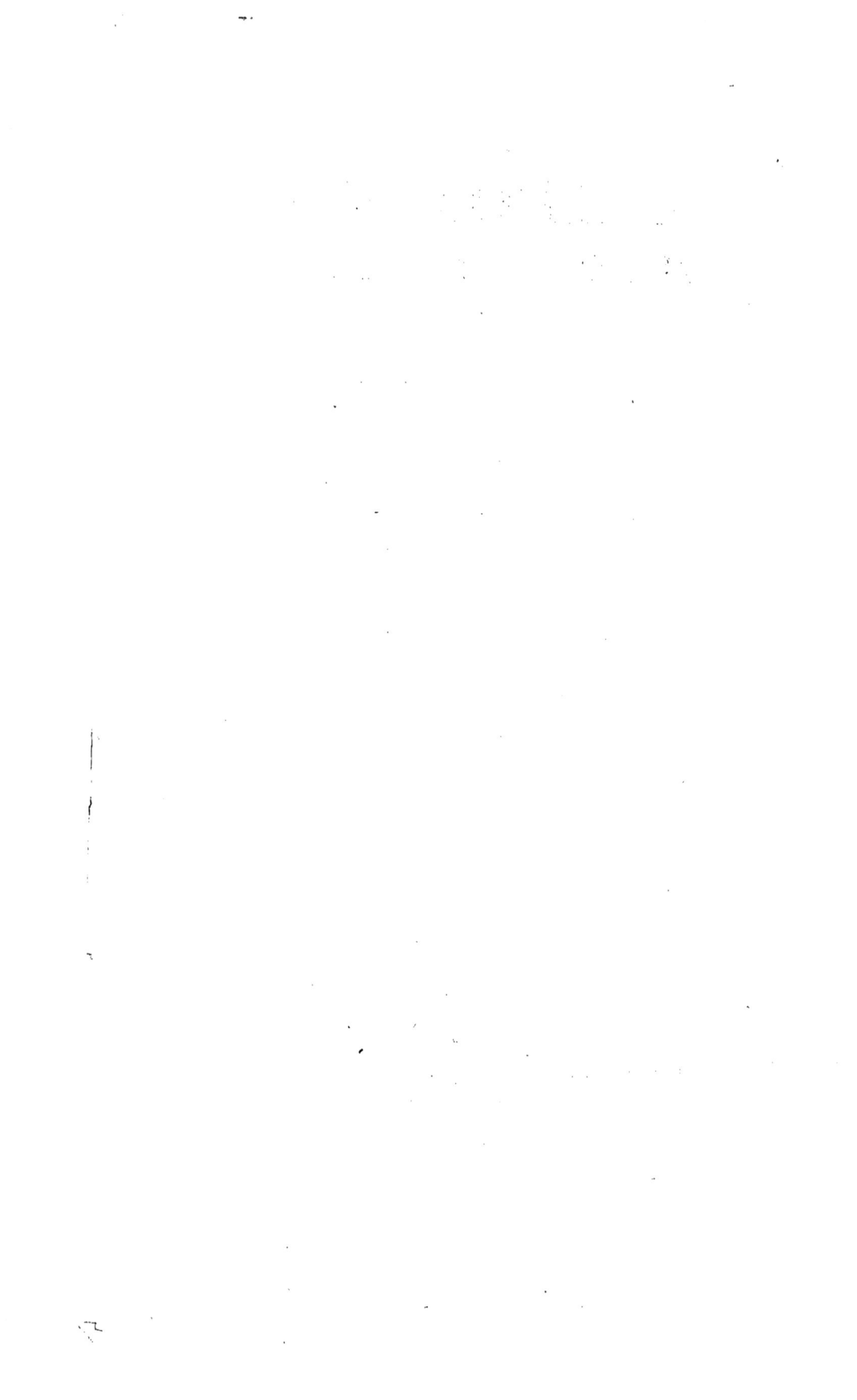

PLAIDOYERS.

PLAIDOYER

POUR

M. DE GRAINVILLE,

ANCIEN PROCUREUR DU ROI.

Audience du 8 *décembre* (1).

MESSIEURS LES JURÉS,

Je l'avouerai, lorsque j'ai appris que j'aurais à justifier M. de Grainville, j'ai été saisi d'un grand étonnement.

Un procureur du roi que ses talens et ses services appelaient à la Cour, mais que des goûts simples et modestes, des goûts de famille, ont toujours retenu au

---

(1) On place ce plaidoyer le premier, à cause de la discussion sur les mots *gouvernement du roi*. On a voulu éviter des répétitions au lecteur.

lieu natal, heureux du bien qu'il répandait autour de lui ; un ancien magistrat, un magistrat consciencieux qui a déposé sa toge par honneur et par conviction ; l'un de vos compatriotes les plus recommandables vous est dénoncé comme un mauvais citoyen, comme un coupable. C'est à vous que l'on s'adresse pour jeter M. de Grainville en prison, et lui faire expier je ne sais quel délit que M. l'avocat-général n'est pas encore parvenu à me faire comprendre.

Je reste confondu. L'estime générale, l'estime de ceux même qui ne partagent pas nos sentimens politiques, une grande modération dans le caractère, des principes fermes, de hautes vertus ne dispensent pas aujourd'hui de la Cour d'assises.

Qu'a donc fait M. de Grainville ? il a écrit une lettre ; il a contribué aux frais d'un procès contre le plus monstrueux arbitraire, et l'on a gagné ce procès ; il est membre, président d'un comité de la Société de défense mutuelle.

Qu'y a-t-il dans tout cela de punissable ? Et moi aussi, messieurs les jurés, je fais partie d'une société légale qui a des comités officiels dans toute la France ; comme avocat, j'ai eu l'honneur d'être l'un des premiers son organe. Je suis fier de le déclarer dans cette enceinte, et de prendre ma part de l'accusation. Nous ne sommes pas des *Carbonari*. Nous ne nous cachons pas dans l'ombre pendant le péril pour nous vanter ensuite publiquement de nos secrètes conspirations.

M. de Grainville, dans sa lettre à *l'Ami de la Vérité*, explique brièvement les motifs de son offrande. Il gémit sur les funestes abus de la force, et c'est une pensée commune, la pensée du comité de Mortain qu'il livre au public.

Aussi MM. le comte Achard de Bonvouloir, de la Chambre de Vauborel, Raoul-de-Chaulieu, Duhamel de Milly, de Lespinasse, ont-ils revendiqué la solidarité d'un écrit qui leur appartient comme à M. de Grainville. On n'a pas voulu entendre ces voix généreuses qui se déclarent complices. Il ne fallait pas aggraver les embarras de l'accusation.

Le croirez-vous? messieurs les jurés, le reproche vague d'excitation à la haine et au mépris du gouvernement du roi ne suffisait pas au ministère public? Avec ses yeux de lynx, il voyait encore dans la pièce incriminée une provocation à la guerre civile. En effaçant cette partie grave de la plainte, la Cour a enlevé à l'accusation *son plus beau feu* (1). Le ministère public a déjà succombé à moitié : vous achèverez sa défaite.

Si j'avais besoin d'encouragemens, je les trouverais dans ce concours de citoyens de toutes les classes, dans cette brillante élite de la cité qui se presse aux débats. Il me semble que chaque bouche prend la défense de mon client, et m'invite à être l'écho fidèle de tout le bien qui circule autour de lui, du vif intérêt qu'il inspire.

Étranger, ce n'est pas à moi à vous faire connaître quel est M. de Grainville, sa famille, les services qu'elle a rendus, et cette tradition héréditaire de vertus patriotiques, de dévouement au pays. Je ne m'occuperai que de ma cause.

---

(1) Expressions d'un magistrat.

M. l'avocat-général nous annonce qu'une condamnation est infaillible. Il fonde sa triste espérance sur le succès des deux avocats-généraux qui l'ont précédé. J'ai donc été bien imprudent, bien indiscret. J'ai une douloureuse confidence à vous faire. Plein de sécurité, après avoir lu la lettre de mon client, j'ai engagé madame de Grainville à venir sans crainte dans cette audience. Elle est là qui m'écoute et attend votre arrêt. Je lui ai promis de lui rendre son époux; vous dégagerez ma parole.

M. de Grainville est un homme grave, ennemi de tout scandale, de tout ce qui porte un caractère passionné, de toute récrimination sans utilité. Mais il est une indignation d'honnête homme, et c'est cette indignation que M. de Grainville n'a pu contenir. Il ne parle pas légèrement, il n'avance que ce qui est constant et de notoriété publique. Il n'écrit pas sans motifs et pour le seul plaisir de faire du bruit; il tient beaucoup, messieurs les jurés, à ce que son caractère ne soit pas méconnu. J'aurai donc deux choses à établir : la lettre est en elle-même licite, elle signale des atrocités incontestables.

Avant d'arriver à ces deux questions, je vous entretiendrai des soupçons injurieux, des investigations illégales et fatigantes dont mon client a été l'objet.

On a fait examiner mystérieusement à la poste un paquet qui est arrivé décacheté à M. de Grainville. Personne n'a le droit de violer le secret des postes. Cet acte est un délit prévu par l'art. 187 du Code pénal.

En ne rendant pas plainte, M. de Grainville a fait

preuve d'une grande générosité. Lui en a-t-on tenu compte ?

On l'a traité en conspirateur. Des visites domiciliaires ont été faites dans sa maison de Mortain et à sa campagne. Il est important de vous faire connaître l'étonnant réquisitoire de M. le procureur du roi. On y trouve ces violentes paroles :

La clameur publique accuse M. de Grainville d'être l'agent actif du parti légitimiste, dont toutes les manœuvres tendent à la guerre civile.

Quelle est donc cette clameur, ce flagrant délit fondé sur l'opinion, qui soudainement agite le ministère public, et met en marche la gendarmerie ? M. de Grainville a sans doute contre lui des faits patens d'embauchage ; il recrute dans l'ombre ; il enrégimente ; il a séduit quelques jeunes têtes et remis à leur courage les destinées de la France ! Son château est une forteresse qui recèle des armes, des munitions ; de ténébreuses manœuvres vont enfin être mises au jour. Non, messieurs les jurés, telles ne sont pas les conclusions du procureur du roi. Après tant d'éclat et de redoutables menaces, il dénonce un imprimé ayant pour titre : *But évident des incendies.* C'est l'unique cause de ses recherches. Il n'étend pas plus loin l'ambition de ses captures. Mais, pour cette précieuse découverte, des visites domiciliaires étaient complètement inutiles. Si M. de Grainville avait été averti, il eût épargné à l'autorité tant de soins perdus, d'ordres laborieusement motivés, de marches et de contre-marches ; s'il eût connu le monitoire judiciaire, fulminé contre *l'Ami de la Vérité,* il n'eût pas attendu qu'on le lui demandât militairement ; il eût déposé au parquet le terrible article : il ne s'agissait que de quelques lignes de journal. Voilà toutes les pièces de l'étrange procès, mort en naissant. On n'avait pas d'autres preuves de l'agence active et de la guerre civile fomentée par un grand coupable.

Le numéro, dont une escouade de soldats a fait la glorieuse conquête, renfermait probablement d'exécrables provocations à la révolte ? C'était au moins une proclamation séditieuse, un manifeste effrayant jeté au peuple ?

La chambre du conseil a décidé qu'il n'y avait pas lieu à *suivre, mais que l'écrit resterait sous le coup de la saisie, comme dangereux.*

La loi ne reconnaît pas de *confiscation* sans condamnation. La justice s'est donc un moment égarée, et l'arbitraire s'est glissé dans un tribunal.

L'article déclaré *saisi,* et *non coupable,* donnait une cause politique aux incendies qui désolèrent la France, et surtout la Normandie.

Les ministres qui expient aujourd'hui dans une *dure captivité* l'usage de l'art. 14 de la Charte de 1814, les ministres qui portent la responsabilité de la mise en état de siége, alors non abrogée par la Charte de 1830, se turent, quand une foule aveuglée les nomma *incendiaires.* Leur vie répondait pour eux. Le rapporteur, M. Bastard, qu'on n'accusera pas de ménagemens pour ses collègues malheureux, fit justice d'une telle calomnie, à la Chambre des Pairs. Si quelques bouches vociférèrent de grossières et sanglantes inculpations, elles n'eurent pas d'écho dans le pays, et le mépris public accueillit d'odieuses impostures. L'égarement populaire a des limites.

L'article saisi faisait remarquer que les hommes de 93 avaient commencé par l'embrasement de la chaumière pour semer l'inquiétude, aigrir les esprits, et soulever les masses. On faisait remarquer que ce prélude révolutionnaire avait grandement contribué au renversement de la vieille monarchie : *Scelus cui prodest.*

C'est comme faisant partie de la Société de défense mutuelle que M. de Grainville a écrit. Il est donc nécessaire de vous parler de cette Société : je vais vous en révéler tous les statuts et les mystères. Je ne crains pas de mettre le public dans ma confidence. Vous verrez que, si le soupçon de rêver *la guerre civile* avait un instant été dirigé sur mon client, il tomberait devant le seul titre de membre de la Société de défense mutuelle.

Il est une observation qui n'aurait pas dû échapper à ceux qui nous accusent sans nous connaître ; dans les lieux où le malheur a poussé aux armes, la Société de défense mutuelle n'existait pas. Partout où elle a pénétré, les moyens violens ont disparu, et c'est aux tribunaux que les victimes se sont adressées.

En effet, messieurs les jurés, l'absence des lois, la violence nourrissent de profonds ressentimens qui finissent par éclater d'une manière terrible ; la force appelle la force. Celui qui se sent opprimé et ne trouve nulle part d'appui contre l'oppression, ne prend conseil que de son désespoir; mais la certitude d'être écouté, d'avoir des juges et des défenseurs, calme les cœurs ulcérés, et empêche les collisions sanglantes.

Voici en deux mots l'origine de la Société.

La révolution de 1830, par son mouvement, dont on ne pouvait d'abord prévoir les conséquences, effraya tout le monde, et ceux-là même qui depuis en ont profité. Les uns crurent au triomphe du programme de l'Hôtel-de-Ville. On redouta l'anarchie.

D'ailleurs, les fonctionnaires de juillet n'étaient pas non plus impeccables. On signalait déjà plus d'une illégalité. Les citoyens sentaient le besoin d'une association qui se chargerait de leurs plaintes, et leur éviterait les frais, les démarches, et tous les embarras d'un procès contre l'autorité. De même que l'on peut assurer sa maison contre l'incendie, il est permis d'assurer ses biens et sa liberté contre l'arbitraire, au moyen d'une faible cotisation.

Quand un délit ou un crime est commis envers les personnes, aux termes des art. 30 et 63 du Code d'instruction criminelle, c'est un devoir de le dénoncer.

Le gouvernement lui-même a intérêt à être éclairé sur les actes de ses agens.

La Société ne voulait inspirer aux citoyens que le courage de la plainte. Il y avait là une grande prévision, une idée profonde, une idée légale.

Voici, messieurs les jurés, en six articles tout le code de l'association.

1° La Société aura à Paris un comité ou agence consultative et judiciaire, qui correspondra avec le comité de chacun des départemens qui l'aura adoptée ;

2° Chaque associé paiera, par mois, et d'avance, une cotisation qui ne pourra être moindre de 5o centimes par mois ;

3° Les fonds provenant de cette cotisation seront employés à poursuivre devant le gouvernement, les chambres, le conseil d'état, les tribunaux et l'administration, la répression de tous les attentats à la liberté des droits politiques, à la liberté religieuse, à la liberté individuelle et à la propriété, dont un ou plusieurs associés auraient à se plaindre ;

4° Elle emploiera la voie de la presse périodique pour publier les réclamations ;

5° La Société n'agira que par les voies légales, tant que l'anarchie n'aura pas substitué ses innovations à l'ordre légal.

6° Chaque associé s'engage à faire parvenir au comité tous les renseignemens qui lui parviendront sur les faits attentatoires aux *libertés* que la Société se propose de défendre.

Ainsi, vous l'entendez, M. l'avocat-général, rien de mystérieux. Les journaux sont les échos de la Société. Elle ne marche que dans les voies judiciaires. Cependant nos réunions furent épiées. D'honnêtes mouchards firent des rapports : les rapports sont toujours alarmans. Le zèle d'un fonctionnaire de la rue suppose si facilement le crime ; on était inquiet. Le préfet de police ordonna une subite et prompte visite au local de l'associaiton; c'est ce qu'elle pouvait espérer de mieux, puisqu'elle n'avait rien de clandestin. Les cartes, les prospectus, les circulaires, tout fut emporté par la *prévention*; mais la *justice* proclama la légalité de la Société. On leva la *saisie*, et les pièces ne furent pas, ainsi qu'à Mortain, confisquées comme dangereuses.

Nous avons fait décider qu'un préfet de police, agissant comme officier de police judiciaire, était directement justiciable de la Cour royale, sans que l'autorisation du conseil d'Etat soit nécessaire. La barrière administrative tombe devant la loi.

A Fontenai, l'arbitraire a été condamné à de honteuses restitutions précuniaires. Nous nous sommes élevés contre la violation de la tombe de Cathelineau, contre l'état de siége, contre les visites domiciliaires faites contrairement aux lois, contre l'atteinte portée à la liberté individuelle.

Tels sont les travaux de la Société de défense mutuelle. Elle veut lutter avec les lois contre les hommes de la légalité.

On ne nous a pas répondu; seulement on a insinué que les choses les meilleures en apparence avaient des motifs cachés, et que les légitimistes à leur tour *jouaient la comédie*. De quel droit, M. l'avocat-général, osez-vous scruter et incriminer nos intentions? Avez-vous donc oublié que les citoyens les plus honorables de ces départemens composent la Société de défense mutuelle? Les hommes de la Société *Aide-toi, le ciel t'aidera*, et des sociétés secrètes de la restauration croient facilement aux conspirations. Les jongleurs qui jouaient la comédie nous inspirent trop de mépris pour que nous suivions leurs leçons !...

Mais lisons la pièce incriminée :

Mortain, 16 septembre 1832.

A M. le Rédacteur de L'AMI DE LA VÉRITÉ.

« Lorsque de toutes parts les hommes honnêtes, les véri-
« tables amis de la liberté gémissent et s'indignent des excès
« coupables qui affligent les départemens de l'Ouest, le co-
« mité de défense mutuelle de l'arrondissement de Mortain
« ne saurait être indifférent à votre appel en faveur des nom-
« breuses victimes de l'arbitraire et de l'oppression dans ces
« malheureuses contrées. Il vous prie en conséquence de re-
« cevoir sa souscription pour une somme de 50 fr.

« Cette faible offrande sera au moins un hommage rendu
« à la fidélité, une preuve de la sympathie qu'excitent dans
« tout cœur français le dévouement et le courage, en même
« temps qu'elle servira de protestation contre ces funestes
« abus de la force, ces atrocités en tout genre *commandées* par
« un pouvoir aveugle, qui, courant à sa ruine, ne s'aperçoit
« pas qu'il creuse lui-même l'abîme prêt à l'engloutir.

« Honneur à la vertu courageuse et fidèle ! honte aux per-
« fides et mensongères promesses des comédiens de quinze
« ans ! Tel doit être, tel sera bientôt le seul cri de la
« France !..... »

Cette lettre contient-elle une excitation à la haine et au mépris du gouvernement du roi ?

Avant tout, il faut s'entendre sur les mots, *gouvernement du roi.*

Le gouvernement du roi, c'est le roi ! s'est écrié un avocat-général. Un autre vous a dit : C'est le ministère !

L'avons-nous bien entendu? Le gouvernement du roi, c'est le roi! Le gouvernement du roi, c'est le ministère!... Sommes-nous au temps de Louis XIV, de Richelieu, de Mazarin? Et c'est nous, accusés d'absolutisme, qui venons combattre l'aristocratie du parquet!...

Dans la vieille monarchie, le gouvernement du roi, c'était le roi lui-même; car il était le législateur suprême, la loi vivante. Il n'y avait dans l'état qu'un seul pouvoir. Tout s'effaçait devant lui. On n'apportait au monarque que des avis et des remontrances. Il prononçait souverainement.

Sous un régime constitutionnel, le gouvernement, c'est le roi, les chambres et les ministres. Il n'existe dans aucun de ces individus pris isolément, et ne réside que dans leur collection. Ils forment le pacte social que la loi place dans un sanctuaire à l'abri de nos attaques et de nos profanations. Le gouvernement indivisible dans la pensée n'est offert qu'à nos respects. On ne saurait éveiller contre lui de la haine ou du mépris, sans commettre une espèce de sacrilége, de crime de lèse-nation. Le gouvernement est hors de toute discussion, de toute controverse.

Un long débat s'engagea, dans les chambres, sur les mots, *gouvernement du roi*. Une immense majorité se prononça contre les *définitions* données par les parquets de l'époque, plus excusables que ceux d'aujourd'hui : ils appliquaient une loi naissante.

M. le comte de Peyronnet, garde-des-sceaux, déclara qu'après avoir défendu la royauté elle-même, il était indispensable de la défendre dans son action, sous les divers modes que la Charte appelle *forme du gouvernement*.

Écoutez la lecture d'une lettre que ce grave jurisconsulte, que le ministre qui présida à la rédaction de la loi, m'a écrit le 3 novembre. Je l'avais consulté. Du fond de sa prison, un noble captif dont l'amitié m'est si précieuse, fait entendre pour nous des accens de liberté.

« La phrase inculpée attaque l'administration du royaume ; « mais cette censure est formellement autorisée par la loi de « 1819, et sans elle la liberté de la presse n'existerait pas.

« Il en est autrement du gouvernement du roi ; mais par « quelle raison ? parce que, attaquer le gouvernement, selon « l'esprit de la loi, ce serait attaquer la constitution même. « Là, il ne s'agit plus de ce qui se fait, mais de ce qui est ; « il ne s'agit plus d'actes non jugés, qui peuvent être abusifs, « arbitraires, contraires à la liberté, à la propriété, aux lois « établies ; il s'agit *d'institutions* proclamées, consacrées, que « le pays admet et maintient comme favorables à sa liberté. « Le gouvernement du roi, c'est la nature, la forme, le ca- « ractère de ce gouvernement ; c'est le gouvernement royal « avec ses prérogatives et ses restrictions ; c'est le gouverne- « ment monarchique, constitutionnel, héréditaire, non res- « ponsable, exerçant par la délégation du peuple une souve- « raineté transmise et modifiée. »

A la chambre, le rapporteur M. Chifflet émit les mêmes principes que M. le garde-des-sceaux.

M. Duhamel disait : Il faut éviter de confondre le gouvernement du roi avec les actes ministériels.

Il n'y avait pas un seul dissentiment sur ce point que

M. l'avocat-général remet aujourd'hui en question, ou plutôt qu'il décide d'une manière si peu constitutionnelle.

M. Pardessus, qui portait à la chambre les lumières qu'il a répandues sur la jurisprudence, avec un mot bien simple éclaircit cette matière délicate :

« Il y a des choses que l'on sent, et que l'on aurait de la « peine à définir. Quand nous disons : *Le ministère est attaqué,* « *le ministère sera renversé, le ministère est changé;* croyons- « nous dire : *Le gouvernement est attaqué, le gouvernement sera* « *renversé, le gouvernement est changé?* Non, Messieurs ; un « député fidèle attaque, s'il le croit de son devoir, non-seu- « lement quelques ministres, mais *un ministère entier;* et, « certes, il croirait recevoir une insulte si on lui disait : *Vous* « *attaquez le gouvernement.* »

La Charte, ajoutait *Foy,* comprend, par gouvernement du roi, le roi, les chambres et les ministres. Il pensait que l'article était inutile, et que son application disparaissait devant les définitions.

M. Dudon répondit : « Il y a offense au gouvernement « lorsque l'on présente les lois du pays comme un moyen « d'oppression livré à un parti.

« L'amendement de la commission reconnaît la faculté de « critiquer les actes ministériels, et la disposition principale « punit les écrits qui provoquent au mépris ou à la haine du « gouvernement. *On échapperait à la peine* si cet article n'exis- « tait pas, en se servant de l'expression collective de *gouver-* « *nement,* parce que les autres articles ne sont applicables « qu'à tel ou tel pouvoir de la société, et non à *l'ensemble de* « *notre organisation politique.*

. . . .

« Quand l'oppression vient de toutes les autorités de la
« société, *prises collectivement,* alors les plaintes ne sau-
« raient trouver d'accès nulle part, et c'est invoquer la résis-
« tance.

« La vraie liberté consiste à invoquer l'assistance du pou-
« voir de tous pour la protection des droits de chacun. »

La définition du *gouvernement du roi* est écrite dans
la Charte. Il suffit de lire les articles compris sous le
titre : *Forme du gouvernement du roi,* pour apprécier
les doctrines de M. l'avocat-général.

Mais, messieurs les jurés, sans nous perdre dans des
raisonnemens arides et des abstractions, il y a, dans
la loi même qu'on nous oppose, un argument tout
matériel qui détruit les prétentions du ministère public.

La loi du 25 mars 1822 est moins une loi nouvelle
que le complément de la loi du 17 mai 1819.

L'article 9 de cette dernière loi, l'article 2 de la loi
du 25 mars, punissent les offenses envers le roi, les
attaques contre la dignité royale, l'ordre de successi-
bilité au trône. Les ministres, comme personnes pri-
vées, sont protégés par la loi commune; comme fonctionnaires, ils sont protégés par l'article 6 de la loi
du 25 mars, et, comme autorité collective, ils le sont
encore par l'article 5 de la même loi.

Le roi et ses ministres n'ont donc pas besoin de
l'article 4. Ce n'est pas pour eux qu'il a été créé.

M. Darrieux l'a dit à la chambre avec une grande
justesse : « La loi ne punit que l'attaque contre une
« collection morale, les individus étant protégés par
« des lois spéciales. »

Revenant maintenant aux termes de la lettre de M. de Grainville, où est donc le délit, où est l'attaque contre l'être moral, contre une collection d'individus composant le gouvernement tout entier? où est l'ébranlement porté à la loi fondamentale?

M. de Grainville proteste contre l'abus de la force. Il ne désarme pas l'autorité; il lui laisse la force et ne condamne que l'abus qui n'est jamais permis, qui est un crime devant la loi. C'est une plainte légitime que M. de Grainville fait entendre au pays. Il dénonce l'arbitraire, les visites domiciliaires sans mandats de justice, les nombreuses arrestations non motivées, et de longues détentions plus odieuses encore. Il parle d'atrocités. C'est une saisie militaire, le petit mobilier du pauvre dispersé, mis à l'encan, le pillage, la dévastation, les profanations, le viol, une jeune fille égorgée, le sang répandu sans nécessité.

Tous les partis flétrissent de tels actes. Le gouvernement doit remercier celui qui les lui signale.

Mais M. de Grainville a dit : « *Des atrocités com-* « *mandées* par un *pouvoir* aveugle qui court à sa « ruine et creuse l'abîme prêt à l'engloutir. »

Le *pouvoir*, c'est tout ce qui ordonne. C'est un caporal, un officier, un maire, un préfet. Il ne s'agit pas du gouvernement.

On peut imprimer que le ministère court à sa ruine, qu'il creuse un abîme, qu'il va s'engloutir. Rien de plus constitutionnel. Renverser le ministère, ce n'est pas renverser le gouvernement. M. Montalivet est renversé et englouti, et bien d'autres le seront après lui.

Oublie-t-on dans quelles circonstances et sous quelles

inspirations M. de Grainville écrivait? il cherchait à retenir le bras de ces proconsuls que la justice a marqués
d'un sceau ineffaçable, et qui traitent la noble terre de
France en pays conquis. Il songeait à ces malheureux
départemens de l'Ouest écrasés sous tant de maux et
de misères. Ah ! M. de Grainville a comprimé ses sentimens. Il a contenu sa douleur; il a été modéré en
ne peignant que d'un seul mot la pensée qui l'agitait.
Il aurait pu aller beaucoup plus loin et montrer la
religion indignement insultée, le droit sacré de la
propriété méconnu, la vie et la liberté des citoyens
dont on dispose sans poursuites, sans condamnations.

Nos cœurs ne sont-ils pas tous les jours brisés par
des faits déchirans?

A Laperuze, un maire, suivi d'un ramas de miséra-
bles, place sous un dais son domestique portant un
singe que l'on encense avec un sabot rempli de résine.
Ce cortége sacrilége parcourt le village épouvanté.

C'est ainsi que la première autorité d'une commune,
a cru pouvoir se venger impunément des processions
de la Fête-Dieu. Voilà comment on entend aujour-
d'hui la liberté des cultes.

Dans la Bretagne, un aide-de-camp du roi, le général Rumigny déclare aux habitans qu'une main de fer
pèse sur le pays (1). Il ordonne aux curés de ne pas
sortir *avec* ou *sans* passeport. Il les emprisonne dans
leurs communes.

Le vénérable pasteur de Luçon, le jour de la Pen-

_____

(1) Proclamation du général Rumigny.

2

tecôte, voulait aller officier à Fontenai. Le maire enjoint à son évêque de ne pas quitter la ville.

Le ministère se contente d'inviter le prince de l'Église à regarder la lettre du maire comme non avenue. L'évêque n'en avait pas moins été aux arrêts pendant plusieurs jours.

Un monument pieux, élevé dans l'arrondissement de Beaupréau, *sur une propriété particulière*, à la mémoire de Cathelineau surnommé le saint d'Anjou, a été démoli par un *sous-préfet* et un *substitut*. Aucun habitant de la commune n'a voulu prendre part à cette profanation. Deux cents soldats français reçurent l'ordre de violer une tombe.

Il serait difficile de compter les croix abattues en province comme à Paris. Au hameau de la Bretonnière, au cimetière de Maisdon, la terre des morts n'a pas défendu la croix qui les couvrait.

C'est une chose de tous les jours que l'occupation militaire des fermes et des châteaux. La cabane n'est pas épargnée; les provisions de toute nature, les bestiaux, les meubles deviennent la proie des hôtes armés, dont on charge les pauvres Vendéens : heureux encore s'ils ne voient pas briser les objets qu'on n'a pu consommer ou emporter!

Partout, les soldats de l'état de siége se présentent en vainqueurs terribles et irrités, et lèvent une haute paie sur les vaincus.

Les visites domiciliaires, les garnisaires, le jugement de Fontenay sont là pour justifier nos assertions. Il y a chose jugée.

Parlerai-je de tant de meurtres inutiles, des paysans

et des voyageurs traqués comme des lièvres , mis à mort parce qu'ils fuyaient, et de l'honneur des femmes lâchement outragé ?

Au nom de la loi, des militaires se présentent, *au milieu de la nuit*, dans une ferme près Vitré. Au nom de la loi ils forcent une jeune fille à se lever et l'entrainent, disent-ils, en prison. Le lendemain , la jeune fille est trouvée fondant en larmes. Elle n'avait pas été en prison ; elle se cachait en rougissant du crime de ses bourreaux.

A Saint-Hilaire Devoust, une servante refuse de livrer son frère ; on veut la faire mettre à genoux pour la fusiller. Elle ne doit la vie qu'à sa présence d'esprit et à son courage.

Dans son village, Jeulan, âgé de dix-huit ans, fils de veuve, son unique soutien, entend des coups de fusil. Effrayé, il se réfugie dans une maison ; il allait se cacher sous un lit, quand un militaire entre et lui fracasse la cuisse d'un coup de feu.

Le jeune homme après cette blessure ne manifesta aucun sentiment. Les soldats et les gardes nationaux le crurent mort. On lui donne un coup de pied. La douleur lui arrache un mouvement. On le prend par une jambe ; on le sort de dessous le lit ; on lui demande qui il est. Il répond : *Je suis d'avec vous. — Tu ne seras ni d'avec nous, ni d'avec d'autres.* Tu vas être fusillé tout de suite. —

Le fusil rate deux fois. — Comment tu le manques, s'écrie un des assassins ? Je ne vais pas le manquer moi ! Le soldat tire à bout portant dans la joue droite, et prononce ces exécrables paroles : *Cette fois tu n'en*

reviendras pas. Avec son fusil, il frappe un corps mutilé, le déchire, écrase la tête sous ses pieds, et debout sur la victime encore palpitante, il s'écrie : *En voilà encore un de moins...* Les barbares !....

M. l'avocat-général n'a vu que du scandale dans le douloureux récit des persécutions qui pèsent sur la Vendée. Il a des lettres de M. le procureur-général de Rennes pour prouver qu'aucun meurtre n'a été commis. *Il fallait bien que les soldats rendissent des balles à ceux qui leur en envoyaient par-dessus les buissons.*

S'il y a scandale, il est dans les faits; et il faut le reporter aux auteurs, aux complices de ces faits, à l'autorité.

Bonnechose surpris dans une ferme, le *comte d'Hanache* massacré par ceux auxquels il rendait son épée, envoyaient-ils des balles aux soldats par dessus les buissons? Point de quartier pour des Français !...

Le *duc de Berri* demandait grâce pour l'homme, et *Bonchamp* mourant sauvait cinq mille patriotes.

Bascher prisonnier, et marchant avec confiance à la tête de la colonne, *Bascher* assassiné par derrière, envoyait-il aux soldats des balles par-dessus les buissons?

Les vieux serviteurs de M. de Laroberie, saisis à table, au foyer domestique, au moment où ils prenaient le repas du soir, traînés sur-le-champ au pied d'une charmille et fusillés, envoyaient-ils aux soldats des balles par-dessus les buissons?...

Enfin *Céline de Laroberie* elle-même, fuyant d'un

pas mal assuré le château de son père envahi par des furieux, et tombant, à vingt ans, sous un plomb mortel, envoyait-elle des balles aux soldats par-dessus les buissons?... Ah! le militaire qui a immolé cette jeune fille est déchiré par de profonds remords. Combien il a dû détester son crime en voyant cette chevelure souillée de sang, ces traits toujours pleins de douceur, contractés par l'effroi et une mort violente, ce corps de femme percé d'une balle et gisant inanimé! Quel spectacle, quel souvenir pour un soldat français! Que je le plains!....

Aucun meurtre n'a été commis, M. l'avocat-général!... Pour preuve vous avez des lettres!...... Nous avons des cadavres!....

Jetés malgré nous sur un terrain brûlant, nous avons repoussé le reproche de guerre civile. Nous le réfuterions victorieusement, si la défense était libre sur ce point; mais M. le président ne permet pas que le nom de S. A. R. Madame, duchesse de Berri, soit prononcé; ce nom trouble nos adversaires. Cependant le ministère public place Madame à la tête d'une vaste insurrection. Pourquoi ne nous est-il pas accordé d'expliquer ici les généreuses intentions d'une auguste captive?

On vous a longuement entretenus, messieurs les jurés, de la grande douceur de l'autorité, et l'on nous reproche d'avoir prononcé avec émotion le nom d'un condamné. C'est en présence de mille atrocités et de l'échafaud de *Caro* que l'on nous parle encore de la mansuétude du pouvoir! Il faut que nous bénissions des mains qui égorgent..... Vous prétendez, monsieur l'avocat-général, que nous offensons le juri en gémissant sur l'exécution d'un malheureux père de famille. Le juri déclare le fait. Il n'applique pas la peine. Cette peine venait d'être changée par une loi en une peine plus douce, et vous envoyez Caro au supplice! Sa femme, ses enfans, sa vieille mère, les vertus du paysan breton, son âge, sa résignation, ne vous ont pas attendri. Vous lui avez dit : «Une loi abolit la « peine de mort... Meurs ! Quelques jours plus tard « la prison seulement s'ouvrait pour toi... Meurs !... « Dans ton cachot tes amis, tes parens t'ont porté un « cri de grâce. Il sauve tes compagnons de captivité, « tous les complices de ton coupable dévouement.... « Meurs ! meurs ! car il n'y a point de pardon pour le « pauvre *Caro*..» Et on l'entraîne, et le bourreau montre au peuple glacé d'horreur une tête pâle et sanglante lorsque tous les yeux avaient lu la loi qui supprimait la peine de mort. Ah! les lois qui empêchent le sang de couler rétroagissent! La grâce était acquise. *La mansuétude du pouvoir* et l'équité ordonnaient la clémence. La Bretagne n'aura jamais que des larmes pour l'infortuné Caro, et des malédictions pour ses bourreaux. (1)

---

(1) *Secundi* a été exécuté. En prison on lui avait amputé la jambe, et c'est tout mutilé que le jeune Vendéen a été porté sur l'échafaud.

Que d'efforts, que de rapports n'a-t-on pas faits pour empêcher de sauver la tête de Radnac. En secret *des hommes de police* le chargeaient d'actions dont on n'avait pas parlé aux

On a dit, en parlant des réfractaires, que nous n'avions d'argent et de pitié que pour les hommes des bagnes, et que les Vendéens désertaient par peur. Par peur!... monsieur l'avocat-général! Les Vendéens savent mourir. Ils tombent en héros sur les champs de bataille, et montent martyrs à l'échafaud. Nous gémissons sur nos cruelles divisions, mais il faut une grande conviction, un grand courage pour faire la guerre civile. Point de prisonniers! On a devant soi les confiscations, le pillage de ses propriétés, les bourreaux et les baïonnettes de l'ordre public. César et Pompée ne sont pas dégradés par l'histoire, ils ont fait la guerre civile.

Quant à notre pitié et à notre argent, ils appartiennent à toutes les infortunes.

On ne trouve pas sur nos traits une joie insultante, on ne nous voit pas sourire au seul espoir de la condamnation d'un ennemi.

Pour nous, les condamnations politiques ajoutent à l'intérêt qu'inspirent la persécution et des sentimens honorables.

Elles sont des calamités publiques: elles atteignent la bienfaisance. Malheur à ceux qui relèguent au bagne la vertu! Il y a des hommes que l'on peut tuer; les flétrir, jamais!...

M. l'avocat-général pense que nous songeons encore

---

débats, et pour écarter tout intérêt on lui contestait jusqu'au nombre de ses enfans. L'humanité triompha au conseil.

Les mêmes hommes ont tué Caro.

à une dernière restauration; et, d'une voix dédaigneuse, il veut bien nous prévenir que de telles idées ne sont plus qu'un rêve.

Pourquoi donc s'effrayer et nous faire un crime d'un rêve? L'espérance n'est pas du domaine de la justice; elle console et soutient celui qui souffre. Le temps d'ailleurs, le temps éclaircira ce rêve....

Des applaudissemens partent de tous les points de la salle. M* Nibelle les arrête, et s'écrie : « Contenons notre émotion. « *Nous ne sommes pas des hommes de scandale!...* (1) »

Le calme se rétablit. Le défenseur continue.

Je ne dirai qu'un mot pour M. Godefroy. Le gérant est dans la position de l'imprimeur. M. Godefroy reçoit une lettre *signée de M. de Grainville*, vieux magistrat, entouré d'une grande considération, et ne songe même pas qu'en l'insérant on puisse courir le moindre danger. Si quelques lignes contre les œuvres ministérielles méritent des châtimens, M. de Grainville en réclame toute la responsabilité.

Qu'exige-t-on de vous, messieurs les jurés? il faut que vous découvriez un délit dans un écrit inoffensif délibéré en commun, lorsque les auteurs de cet écrit qui se sont courageusement nommés, ne sont même pas poursuivis malgré leurs instantes réclamations. A M. de

---

(1) La veille, M. Delaville, président, avait appelé patriotiques quelques applaudissemens partis du fond de l'auditoire, au moment où ce magistrat vantait la révolution de juillet.

Grainville seul appartient le privilége d'une condamnation.

Contre qui appelle-t-on ces énormes sévérités ? Sur
un magistrat dont la voix ne fut jamais l'organe des
passions, sur un magistrat dont l'administration pater-
nelle ne montra d'énergie qu'avec le crime. Il peut
dire à ses ennemis : « J'ai été juste envers vous. Vos
« personnes, vos fortunes, tous vos intérêts étaient
« sacrés pour moi. A aucune époque je ne vous ai
« persécutés. J'étais d'autant plus circonspect pour
« vous accuser que vous ne partagiez pas mes croyances
« politiques. Ma générosité était quelquefois une pro-
« tection pour vos fautes : si quelqu'un de vous a une
« plainte à faire entendre , qu'il se lève , qu'il se
« nomme. » Personne, messieurs les jurés, ne se
plaindra de M. de Grainville !

C'est à un magistrat que l'on réserve les tribulations
de la geôle. En se dépouillant volontairement d'une
toge qu'il porta avec distinction pendant tant d'années,
il n'a pas perdu son noble caractère. Une condamnation serait un affront pour la magistrature qui ne répu-
diera jamais un tel accusé.

Ah ! messieurs les jurés, si vous voulez honorer les
verroux et faire des prisons le séjour de l'homme de
bien, condamnez M. de Grainville !....

Ce sont aussi des questions de liberté que nous dis-
cutons. J'avais cru que leur solution ne serait pas dou-
teuse dans ces belles contrées de France où l'on comprend tous les sentimens généreux ; irai-je , trahi dans
ma noble confiance , redire avec douleur au milieu

de la capitale qui attend des provinces de courageux exemples :

« N'espérez plus que la Normandie s'affranchisse du « joug des réquisitoires contre la presse. Ce dernier « refuge de notre indépendance est détruit. Dans ces « provinces célèbres par les actions et la fierté de nos « ancêtres, aujourd'hui la pensée ne trouve même pas « un abri (1). »

---

(1) M. de Grainville et M. Godefroy ont été acquittés.

PLAIDOYER

POUR

M. GODEFROY.

LES JOURNÉES, OU PLUTÔT LA JOURNÉE DE JUILLET.

OBSERVATIONS LIBÉRATO-MÉTRIQUES.

ENCORE UNE DOUCEUR DU JUSTE-MILIEU (1).

Audiences des 6 et 7 décembre.

MESSIEURS LES JURÉS,

J'ai été appelé pour défendre devant vous l'indépendance et le courage. En me présentant au milieu d'un barreau connu par ses talens et ses lumières, je sens tout le poids de la mission périlleuse que j'ai acceptée. Mais, des hommes dont j'honore le caractère, dont je partage les principes, invoquaient mon ministère.

---

(1) Ces trois titres d'articles incriminés se trouvent dans les journaux des 6 mai et 2 août 1832. Il y avait deux procès. Nous réunissons les deux plaidoyers en un seul.

J'étais lié aussi par deux arrêts par défaut, dans lesquels la Cour s'est montrée rigoureuse envers un gérant dont l'absence volontaire ne prouvait que la trop grande confiance qu'il mettait dans son défenseur. En venant me placer à ses côtés, j'accepterais, s'il était possible, la responsabilité des articles poursuivis, car je n'y ai rien trouvé qui puisse troubler la conscience d'un honnête homme, blesser les lois et porter atteinte à l'ordre public. Cependant on vous demande de rudes châtimens. C'est en coupable que M. Godefroy est traîné aux assises. Des condamnations qu'il ne croyait pas mériter l'ont déjà frappé. Cependant il n'a pas refusé sa signature à des écrivains qui lui apportaient leurs ouvrages. Une crainte indigne de lui n'a pas repoussé des gémissemens sur nos misères, des avertissemens donnés au pouvoir, un souvenir national, des pensées généreuses, utiles au pays. M. Godefroy n'a pas hésité à offrir sa liberté à la liberté de la presse. Il y a là, messieurs les jurés, une conviction profonde qui doit conquérir votre estime : punirez-vous une conviction ?

Ah ! les hommes toujours flottans au milieu des révolutions, les hommes sans principes, sans affections, sans autre morale que celle de l'intérêt, énergiques sous tous les régimes, séides aveugles de toutes les puissances, ne sont que trop communs.

Les hommes fidèles à leurs doctrines, fidèles à la France, ne sont pas dangereux. Si quelquefois il leur échappe une expression de regret sur le passé ; si le présent les attriste, s'ils jettent un regard inquiet sur l'avenir, le langage de la douleur ne contient rien de

criminel. Il y a loin d'un reproche adressé au ministère, à une provocation séditieuse.

De nombreux et grands procès vont se succéder sur
de bien petites choses. Le ministère public, vainqueur
ou vaincu, reparaîtra plus menaçant sous une forme
nouvelle. Protée infatigable, il espère nous vaincre
à force de combats. L'accusation est plus facile que la
défense; l'interprétation est toujours si ingénieuse, si
habile! Richelieu, qui connaissait le danger des inter-
prétations, disait qu'il ne voulait que quatre lignes d'un
honnête homme pour le faire pendre.

Dans ces sortes de causes, l'orateur tremble ou espère selon la couleur qu'il suppose à ses juges. C'est
un malheur de notre époque. Quant à moi, messieurs
les jurés, je crois encore à la justice, je crois encore à
la conscience; je ne me suis pas informé de vos opinions.

Un jour viendra où une seul pensée nous réunira
tous. J'appelle ce jour de tous mes vœux. Mais que
m'importe, à moi accusé, que vous soyez dévoués à
l'ordre de choses actuel ou républicaines! Vous êtes
des hommes probes. Je n'en veux pas savoir davantage.

Amis du pouvoir, je vous dirais : « Servez-le contre
« sa propre volonté; épargnez-lui de pénibles con-
« damnations. On n'étouffe pas sous un jugement la
« parole brûlante de l'écrivain. Un arrêt ne lui donne
« que plus de force et d'activité, et le pouvoir, malgré
« ses tristes victoires, sort tout meurtri de ces combats
« à outrance qu'il livre aux journaux qui l'ont créé.

A des républicains je dirais aussi avec non moins de

confiance : « Pourquoi me persécuteriez-vous ? Tous les
« organes de vos doctrines mortes en France et que je
« ne partage pas, mais qui sont des doctrines de force,
« remplissent nos prisons. Nous payons les mêmes
« amendes, nous habitons les mêmes cachots, nous
« subissons le même martyre, notre malheur est com-
« mun. Est-ce à vous à nous frapper?... »

Nous n'avons pas à craindre d'être jugés par des
passions. Votre conscience, messieurs les jurés, nous
rassure ; et, qui que vous soyez, vos intérêts nous
répondent encore de votre impartialité.

Un mot étrange dans la bouche de M. l'avocat-général a été prononcé. Il accuse les légitimistes d'être
des ingrats. Mais la reconnaissance est la vertu de ces
hommes qui vouent un culte au malheur; c'est chez eux
un sentiment profond, inaltérable, qui ne s'éteindra
qu'avec leur vie. Il est vrai que cette reconnaissance
ne s'adresse pas au pouvoir de l'état de siége, au pouvoir des arrestations illégales, des visites domiciliaires.
On ne doit rien à ses oppresseurs. *L'Ami de la Verité*,
écrasé sous de lourdes amendes et par de longs emprisonnemens, peut sans ingratitude se dégager de toute
reconnaissance envers ceux qui le poursuivent avec tant
d'acharnement. Les ingrats sont ceux qui ont reçu des
bienfaits, qui les oublient et persécutent ceux dont ils
les ont obtenus.... Voilà les ingrats, les véritables
ingrats !...

Des paroles, que M. l'avocat-général s'empressera
sans doute de désavouer [1], sont venues appuyer mal-

---

(1) Il est juste de dire que M. de Préfeln, dans sa réplique,

heureusement son reproche d'ingratitude. *L'inamo-vibilité* des juges, a-t-il ajouté, n'a-t-elle pas été conservée? M. l'avocat-général, dans sa pensée, a-t-il donc entendu décimer la Cour? Regrette-t-il que de nombreuses proscriptions ne puissent atteindre ses collègues? Dites-nous quels sont les hommes honorables qui descendraient de leurs siéges, si une loi d'ordre public et de sécurité pour les citoyens ne mettait pas la justice à l'abri des vengeances ministérielles? C'est moi, étranger, moi avocat, inconnu dans ce palais, qui prendrai la défense de la magistrature que l'on accuse: c'est moi qui serai ici pour elle l'adversaire du ministère public, proclamant dans cette enceinte une suspicion générale dont les juges eux-mêmes ne sont pas exempts. L'inamovibilité est consolante pour le pays ; elle lui promet des hommes libres, des magistrats consciencieux. Les hommes flexibles sont toujours inamovibles.

On a semblé nous plaindre pour nous accuser avec plus de force. On attribue à l'irritation, à des carrières brisées, des paroles où il n'y a qu'une censure légitime, que de sévères observations, et non de la colère. On vous a dit : *Les vaincus souffrent dans leurs intérêts.* Loin de nous cette pitié dédaigneuse qui va mal aux gens du roi ; nous la repoussons comme un outrage. L'honneur est à nos yeux plus puissant que la fortune. L'honneur est tout pour nous, et rien n'est perdu

---

à exprimé le regret d'avoir soulevé bien involontairement les orages de l'audience. Il s'est placé entre la défense et M. le président.

pour ceux qui l'ont conservé ! Ne parlez plus, monsieur l'avocat-général, de *vainqueurs;* on les répudie, on les emprisonne. Ne parlez plus de *vaincus;* en politique, les vaincus sont ceux qui ont tort : la justice et la vérité finissent toujours par triompher !... Vous cherchez à justifier les rigueurs qui accablent aujourd'hui les légitimistes en nous rappelant que sous l'empire, pour des causes légères, des commissions condamnèrent à mort huit habitans de cette ville, qui furent exécutés. Vous prenez Napoléon dans sa tyrannie, dans ses crimes, et non dans sa gloire. J'aurais cru ne trouver que de l'indignation et de la douleur dans votre langage, à l'affreux souvenir du sang de vos concitoyens odieusement versé par le pouvoir ombrageux d'un despote.

On exhume un vieux numéro étranger au procès, et l'on s'écrie :

« Louis-Philippe est accusé de donner son assen-
« timent à la diète de Francfort. Comment *l'Ami de*
« *la Vérité* l'a-t-il appris? Les conseils des princes sont
« secrets. On s'est donc servi d'un traître.... »

Les conseils des rois sont percés à jour; mille circonstances en révèlent les mystères. Les traîtres sont nombreux, monsieur l'avocat-général. Ne stigmatisez pas par vos paroles l'usage que l'on fait des traîtres; ce n'est pas sur nous que tomberait votre noble accusation. Des traîtres ne sont pas nécessaires pour nous apprendre que *la liberté* est dans la bouche de certains hommes, et la tyrannie dans leurs actions.

Mais oublions de fâcheuses digressions dans lesquelles j'ai été entraîné malgré moi. Je ne m'occuperai que de ma cause.

Les procès abondent. Deux articles sont incriminés dans le seul numéro du 2 août. Le premier a pour titre : *Les journées, ou plutôt, la journée de juillet.*

C'est là que monsieur l'avocat-général découvre une excitation à la haine et au mépris du gouvernement du roi. *Prenez* et *lisez*, vous a-t-il dit!... Cette argumentation est simple et difficile à réfuter. Je pourrais imiter le laconisme de l'accusation.

Je lirai avec vous, messieurs les jurés. Que trouverons-nous ?

« Les trois journées constituent un fait révolution-
« naire. On ne doit pas célébrer juillet.

« On fête juillet, et l'on soutient que l'insurrection
« n'est pas le principe du gouvernement.

« Le pouvoir veut-il nier la révolution et faire croire
« qu'il la domine ?

« Le mouvement veut lui faire sentir qu'il est révo-
« lutionnaire.

« On poursuit la révolution.

« Nous lui devons la guerre civile et la guerre étran-
« gère toujours menaçante.

Tel est le résumé que l'on s'est bien gardé de vous offrir.

Prenez et lisez ! et *surtout soyez sévères envers l'Ami de la Vérité.* La défense n'est pas troublée par ce réquisitoire. Vous ne condamnerez pas sur parole.

Faut-il donc vous montrer ces trois jours de meurtre et d'effroi qui désolèrent la capitale, le sang coulant à grands flots, toutes les lois détruites, les vengeances

3

particulières encouragées, les églises souillées et dé-
molies, un saint archevêque et les ministres des autels
proscrits; un trône de plusieurs siècles brisé par des
pavés; un vieux roi et un enfant s'acheminant avec
douleur vers l'exil, et tournant quelquefois la tête du
côté de ce Paris, où ils croyaient entendre la voix de
la patrie qui les rappelait? Faut-il vous montrer ces
nuits encore plus effrayantes, cette obscurité profonde,
ce silence de mort, au milieu du désordre, les hommes
des bagnes affranchis, osant prendre leur part du triomphe et faire entendre des cris de victoire; enfin cette
anxiété cruelle de tous les partis dans une grande at-
tente et un grand péril?

Ah ! messieurs les jurés, ces tombes que l'œil attristé
rencontre près du Louvre, ces larges fosses ouvertes
dans nos cimetières, ces tables d'airain où un Bourbon
est venu sceller la révolution en présence d'une majesté
que la révolution avait découronnée (1), n'inspirent
que des sentimens de deuil. Ne fêtons pas des jours
de larmes, des jours qui éveillent tant de souvenirs
déchirans et tant de haines.

Voilà le langage de *l'Ami de la Vérité*, langage
d'oubli et de réconciliation.

C'est cet esprit d'union sans doute, et non le remords qui a proscrit les pleurs que la France versait
chaque année sur la tombe de Louis XVI, car la nation est innocente d'un grand forfait.

Nous n'avions que trop le droit de parler de la
guerre étrangère toujours menaçante. Nous pensions

(1) Don Pedro.

aux protocoles, à Ancône, à la Hollande, a notre paix armée, à nos cinq cent mille hommes entretenus à grands frais sans aucune compensation pour le pays. Sous la surveillance de la jalouse Angleterre qui nous abandonne, le sang français remplit aujourd'hui, au nom de l'étranger, les fossés de la citadelle d'Anvers. Nous vaincrons, mais quel sera le résultat de cette grande consommation d'hommes?

On nous reproche d'avoir soutenu que les trois journées constituaient un fait révolutionnaire et renfermaient des faits de guerre civile.

Nous opposerons au ministère public la *commission municipale* de Paris, la Cour de cassation, et un témoin que le parquet ne récusera pas, Louis-Philippe, duc d'Orléans, Louis-Philippe, roi des Français.

Si nous sommes coupables, voilà nos complices.

La Cour de cassation a décidé qu'au 1er août il existait un gouvernement provisoire, et que *dès-lors* la puissance de Charles X était détruite. Les journées antérieures n'étaient donc que des journées d'anarchie et de guerre civile contre l'autorité royale légitime?

Le 31 juillet, la commission municipale disait aux Parisiens :

« La *nation* seule est *debout*, parée des *couleurs*
« *nationales* qu'elle a *conquises* au prix de son *sang*.
« Elle veut un gouvernement et des lois dignes d'elle.
« Quel peuple au monde mérita mieux la *liberté* !

« Vous aurez *un gouvernement qui vous devra son origine*, etc. »

Le même jour, le duc d'Orléans s'adressait aussi à *l'héroïque population;* il parlait de *guerre civile*,

d'anarchie, des *droits de la nation*, du droit de s'insurger pour le triomphe des lois, de la Charte, qui
serait désormais une vérité.

Les députés, en proposant pour roi le duc d'Orléans,
annonçaient comme un immense bienfait le juri pour
les délits de la presse. On promettait aux écrivains une
ère nouvelle d'indépendance : ils ne s'attendaient pas
au plus dur des esclavages.

Enfin, le duc d'Orléans, proclamé roi, déclare qu'au
milieu de nos luttes sanglantes, aucune des garanties
de l'ordre social ne subsistait plus, et que *la cause du
peuple* lui a paru juste. Il rend hommage au magna-
nime élan de la capitale et de toutes les cités françaises.
Une insurrection glorieuse, légitime si l'on veut, est
toujours une insurrection. Le prince s'indigne contre
l'odieuse interprétation donnée à l'article 14 de la
Charte. Alors nous étions loin du 7 juin.

Partout, messieurs les jurés, vous rencontrerez de
tristes aveux *d'anarchie*, de *guerre civile*, et la reconnaissance du principe de souveraineté populaire. Un
ami de la royauté de juillet, qui ne lui est hostile que
pour mieux la servir, le président de la chambre des
députés, ne vient-il pas de prononcer ces paroles :
« Le roi qui a *entendu* nos sermens après que nous
« avons *reçu* les siens ? » Nous n'avons été que les
faibles échos des organes du gouvernement. Nous con-
damnerez-vous pour avoir dit, comme eux, que nous
avons dû la guerre civile aux journées de juillet, et
qu'elles constituent un fait révolutionnaire?

« En fêtant juillet, vous reconnaissez l'insurrection,
« et vous soutenez que l'insurrection n'est pas le prin-

« cipe du gouvernement. Vous voulez que l'on croie
« que vous dominez la révolution, et la révolution
« vous impose son sanglant anniversaire. C'est foi
« et hommage qu'elle demande à son vassal : vous
« n'osez briser un pacte terrible. Vous caressez la ré-
« volution, et vous la poursuivez dans ses souvenirs,
« dans ses hommes, dans ses actes. »

Ces pensées sont-elles donc nouvelles, messieurs
les jurés, et avons-nous dépassé les limites constitutionnelles en relevant les contradictions de la puissance ?

Nous accusons *les hommes forts qui nous condui-
sent*, de ne pas oublier juillet pour arriver franchement
à la quasi-légitimité du 7 août. Ce conseil est-il d'un
ennemi, et devient-on coupable en engageant le pouvoir à secouer un joug qui lui pèse et l'humilie ? La
France ne suit pas les gouvernans dans les routes
obscures et tortueuses : elle aime le grand jour, la
ligne droite. Nous n'aurions jamais cru que notre
loyauté nous conduisît en Cour d'assises.

Que direz-vous, messieurs les jurés, en apprenant
que le passage qui excite le plus vivement les plaintes
du ministère public n'est que la copie littérale d'un
journal qui a sa virginité judiciaire, frondeur quelquefois de certains ministres, mais champion infatigable de l'ordre de choses actuel, de Louis-Philippe, du gouvernement ? Je vous apporte *le Temps*
du 29 juillet. A mon tour je m'écrierai : *Prenez* et
lisez !

J'arrive au second article, sur la garde nationale.

Je commence par protester contre le délit d'outrage

qui nous est imputé. On n'insulte pas un corps de citoyens dont on est fier soi-même de faire partie.

Cette sollicitude du pouvoir pour la garde nationale est-elle bien sincère ? Elle est du moins un peu tardive. Ceux qui l'ont mise en état de suspicion, ceux qui l'ont dissoute dans plusieurs villes, montrent aujourd'hui pour elle une grande susceptibilité !

L'art. 10 de la loi du 25 mars 1822 punit quiconque aura cherché à troubler la paix publique en excitant la haine et le mépris des citoyens contre une ou plusieurs classes de personnes.

L'accusation vient échouer devant ce texte.

Suivons le piquant écrivain dans sa revue du 29. Il compte les drapeaux tricolores appendus cette année aux maisons et aux monumens publics ; il note les employés qui ont des dévouemens officiels et des étendards à leurs fenêtres pour tous les gouvernemens qui les conservent et les paient. M. le procureur du roi, pour lui seul, arborait deux fois sur ses balcons les couleurs de juillet. Le nombre des drapeaux des particuliers dont le temps n'avait pas encore refroidi le zèle se trouvait considérablement réduit par le faisceau des fonctionnaires.

Un drapeau flottait même avec un crêpe noir : quelle terrible protestation ! et les réquisitoires ne vous ont pas dénoncé un deuil séditieux !

On s'amuse par ordre à la préfecture. Tout y est à la glace, et à peine remarque-t-on la longue épée de M. le préfet, le clair-obscur des illuminations. Un ballon, emblême ministériel, s'élève, tombe et se perd dans les plaines de Maltot.

Enfin, l'enthousiasme est mort à Caen, comme à Paris, comme dans toute la France.

Cela est fâcheux sans doute : le récit fidèle des joies administratives n'est pas un délit.

Mais on doit une éclatante réparation à la garde nationale, une réparation de Cour d'assises.

Qu'avons-nous dit ? « On a cherché à entraîner les « tièdes, *servum pecus*.

« On a *parqué* les gardes nationaux sous un soleil « brûlant ; et, après des *parades*, on les a renvoyés « sans dîner.

« Le mot *Bédouins* était dans toutes les bouches.

« De petits chefs de bataillon se perdaient sur de « grands chevaux.

« Le cheval du colonel s'est abattu dans une boue « glorieuse.

« Un officier rural, en épaulettes et jacquette neuves, « chassait devant lui son âne chargé d'une prudente « cantine.

« L'adjoint, et non le maire, a fait preuve de sa- « gesse normande en ne paraissant qu'en habit bour- « geois. »

Voilà, messieurs les jurés, toute cette grave accu- sation. Vous le voyez, nous avons menacé la paix publique. Le département est resté cependant fort tranquille.

Je ne sais comment justifier sérieusement nos pa- roles.

Les *tièdes*, les hommes indifférens qui appartien- nent à ceux qui peuvent les remuer, sont en majorité dans le monde comme dans la garde nationale. *Servum*

pecus ne veut pas dire autre chose. C'est une expression consacrée, c'est *le Commun des Martyrs*, c'est
le vers d'Horace :

Nos numerus sumus fruges consumere nati.

Si les tièdes d'ailleurs sont nombreux, ils ne composent pas une classe d'hommes ; ils ne sont pas la
garde nationale.

Que répondre à ces mots *parqués, servum pecus ?*
J'avoue qu'un tel rapprochement assimilerait les gardes
nationaux à des bêtes. Mais ces expressions ne sortent
pas de la même plume. Elles sont dans des articles sé-
parés. Ainsi l'alliance coupable, l'alliance mons-
trueuse disparaît.

Écrire que des gardes nationaux ont été *parqués*,
ce n'est pas porter atteinte à leur honneur et à leur délicatesse ; c'est plutôt accuser l'autorité, qui, sous un
soleil ardent, durant toute une journée, a serré, en-
tassé, épuisé de fatigues la masse trop patiente des
citoyens.

On nous impute à crime d'avoir parlé de *parades ?*
Le terme est militaire. *Le National* a dit qu'au Car-
rousel on faisait des gardes nationaux de véritables
comparses. *Le National* n'a pas été inquiété.

Bédouins !... quel outrage ! les gardes nationaux
sont Français ! — Oui sans doute ils sont Français,
bons Français ; mais on nomme *Bédouins* ceux qui
sont en blouses, ceux qui ne s'habillent pas, et qui
ont le droit de ne pas s'habiller. On les pique d'ému-
lation. La plaisanterie est permise et très-patriotique.

Irons-nous en prison parce qu'un petit chef de

bataillon n'a pas mis sa monture en proportion avec sa personne, et que le colonel est un maladroit qui n'a pas su diriger et soutenir son cheval? Est-ce notre faute à nous s'il est tombé dans la boue? Pour consoler le colonel, nous lui dirons que les bons cavaliers sont fort rares.

Etait-il donc défendu de remarquer un officier rural avec son âne et ses provisions, et l'animal rétif se révoltant contre l'ordre public, si bien représenté par son maître. Ce n'est là qu'une innocente personnalité.

L'habit bourgeois de l'adjoint prouve sa prudence, et qu'il n'a pas foi dans le ministère. Un adjoint est révocable. Que monsieur l'avocat-général se rassure, un adjoint peut tomber sans que le gouvernement soit renversé.

Supposons que les personnes signalées exerçassent des poursuites individuelles contre *l'Ami de la Vérité!*

Écoutons leurs dépositions.

L'officier rural. — « On a parlé de mon âne et de mes précautions gastronomiques. »

L'homme en blouse. — » On m'a appelé *Bédouin.*

Le chef de bataillon. — « On m'a toisé avec mon « cheval. »

Le colonel. — « J'ai fait un faux pas, je me suis embourbé ; on a ri autour de moi, et un journal a osé apprendre ma mésaventure au département. »

Tous. — « On a dit que nous étions *parqués,* qu'on nous avait congédiés sans nous donner seulement à dîner. »

La justice s'étonnerait de telles susceptibilités, et M. l'avocat-général lui-même prendrait des conclusions en notre faveur.

Ce qui n'est pas une offense pour les individus, peut-il être une insulte pour la classe à laquelle ils appartiennent? Un corps, d'ailleurs, n'est pas responsable du ridicule de ses membres.

Je passe à l'examen du numéro du 6 mai, et de l'article ayant pour titre : *Encore une douceur du juste-milieu.* C'est un nouveau procès. Encore une poursuite, encore une douceur du juste-milieu.

Avons-nous excité à la haine et au mépris du gouvernement en parlant de comédiens, de choléra et des impôts? Vous savez que le gouvernement, c'est le roi, les chambres et les ministres unis constitutionnellement, et considérés dans leur action comme un tout indivisible. Cette unité constitutionnelle n'a rien de commun avec les comédiens de quinze ans.

Si l'on prétendait que dans cette collection il se trouve des individus qui ont joué la comédie, le gouvernement du roi serait encore à l'abri du reproche. L'unité est dans le tout, mais le tout n'est pas dans l'unité.

Les comédiens de quinze ans sont les hommes qui avaient constamment sur les lèvres leur impérissable dévouement à la branche aîné des Bourbons, qui se déclaraient les plus solides appuis, les sauveurs de la légitimité, et riaient en secret de la crédulité du prince et de leurs lâches trahisons.

Les comédiens de quinze ans sont les hommes qui accaparaient tous les emplois, qui assiégeaient toutes

les antichambres, qui attaquaient, repoussaient, exi-
laient la fidélité, et se proclamaient les partisans inva-
riables des principes monarchiques héréditaires, auxquels ils donnaient une origine céleste, au-dessus de
toute discussion, et qui, depuis, ont été les plus ardens
apôtres de la souveraineté populaire, que déjà ils re-
poussent d'un sourire insultant.

Les comédiens de quinze ans sont les hommes qui
parlaient de liberté avec un cœur d'esclave.

Les comédiens de quinze ans sont les hommes qui
se prétendaient les seuls amis du peuple, les seuls nationaux, les seuls défenseurs de la gloire française, et
qui préparaient des humiliations à nos braves, et se
moquaient du peuple et de la nation.

Les comédiens de quinze ans sont les hommes sans
foi, qui se jouaient des choses les plus saintes, et ne
songeaient qu'à grandir ou conserver leurs places, leur
fortune, l'unique but de leurs bassesses, de leurs men-
songes, de leurs perfidies, de toutes leurs manœuvres.

Ainsi, les mots *comédiens* s'appliquent à des hommes,
à des spécialités, et non pas au gouvernement.

Par *comédiens de quinze ans* on indique qu'il s'agit
du passé, et non pas d'une actualité.

Comédiens de quinze ans !... c'est d'ailleurs là une
invention toute nouvelle qui n'appartient pas aux légitimistes.

Ce sont les révolutionnaires eux-mêmes qui se sont
vantés d'avoir joué la comédie pendant quinze ans.

Ils voulaient la royauté. — *Comédie !*

Ils voulaient la Charte. — *Comédie !*

Ils voulaient Charles X, ce roi qui criait : *plus de*

hallebardes; le duc d'Angoulême; l'auguste fille du roi martyr; le duc de Bordeaux, son héroïque mère. — *Comédie!*

Ils ne voulaient qu'obtenir aux élections l'indépendance des suffrages et conquérir une chambre libérale. *Comédie! comédie!*

Les perfides sapaient le trône, et ce sont leurs organes qui, dans le délire du triomphe, ont fait à la France étonnée une impudente déclaration. La France a été jouée par des comédiens, et, pendant quinze ans, elle s'agita pour des impostures.

Dernièrement encore le *National* n'avouait-il pas, avec une effrayante *naïveté*, qu'on s'était servi du mot *jésuite* pour discréditer tout ce qu'il y avait de monarchique dans la nation, et qu'aussitôt qu'on eut résolu de perdre le roi lui-même, on l'appela *jésuite*.

Rien dans l'article ne désigne Louis-Philippe. On aurait dit que lui aussi jouait la comédie, qu'il avait trahi sa famille par de feintes protestations, de faux baisers de réconciliation, et en arrachant à madame la duchesse de Berri ces paroles : *Les d'Orléans sont de si bonnes gens !...* Le gouvernement ne serait pas attaqué par ce langage.

Mais on a imprimé : *de l'or pour votre petit pied de paix; de* l'or *pour vos assommeurs;* de l'or pour vos *pots de vin;* de l'or pour espionner ce qu'on appelle les carlistes; de l'or pour *vos folies.*

Ce n'est pas là le gouvernement. C'est la police avec toutes ses turpitudes; c'est le procès des *assommeurs,* le procès si éclatant des fusils-Gisquet; les portiers vendus, les domestiques achetés, les amis corrompus, tout ce bas espionnage répandu dans les familles; c'est, si l'on veut, la prévision de 800,000 fr. donnés à un traître pour livrer sa bienfaitrice, emprisonner une femme forte dans le malheur, sublime dans les fers; et payer bien cher une honte immortelle est un grand embarras. Ce juif, je l'appellerais un ingrat, s'il n'était pas un infâme!

Ah! messieurs les jurés, un peu d'aigreur même n'est-elle donc pas excusable en présence de cette police qui, dernièrement encore changeant en crime l'hospitalité, ordonnait à un frère de livrer son frère? Les tribunaux ont effacé avec indignation des arrêtés humilians qui nous menaçaient dans nos plus chères affections. Je le déclare, soumis aux lois, je n'aurais jamais obéi à une ordonnance abrogeant la première loi de toutes, celle de l'honneur et de l'humanité. Si un proscrit, fuyant ses bourreaux, se refugiait dans ma maison, ami ou ennemi, je le recevrais. Messieurs les jurés, je ne trahirais pas sa confiance, dussé-je partager sa captivité, ou marcher comme au temps de la convention, à l'échafaud (1).

De *l'or pour votre roi-citoyen!*

Ce n'est pas écrire que Louis-Philippe est un avare.

Un grand empereur romain souffrait qu'on lui reprochât ses prudentes économies; et, loin de livrer à ses

---

(1) Après les journées des 5 et 6 juin, une ordonnance de police enjoignait aussi aux médecins de déclarer les noms des blessés qu'ils avaient secourus. Les médecins français ont poussé un cri d'indignation.

licteurs les bons mots des courtisans, il riait lui-même de son avarice.

Un duc d'Orléans qui fut roi de France quand la branche aînée fut éteinte, Louis XII disait qu'il aimait mieux voir la cour rire de son avarice, que le peuple pleurer de ses prodigalités.

De *l'or pour votre roi-citoyen!*

C'est peut-être faire entendre que la liste civile devrait être plus modeste à cause de la misère publique et des grands revenus du prince. Il n'y a là aucune offense personnelle, et d'ailleurs le ministère public et la cour l'ont pensé ainsi, puisqu'il ne s'agit pas du roi, mais du gouvernement.

C'est peut-être se plaindre de l'augmentation des impôts. Tout cela est constitutionnel.

J'aborde le second chef de l'accusation, et je commence par vous avouer nettement que nous avons attaqué l'administration du royaume; vous trouverez au bout de chaque reproche les ministres. Vous ne verrez nulle part le roi ou le gouvernement.

Le choléra a été appelé en France par la révolution de juillet. C'est un fait. Il n'y a là que de l'histoire. L'insurrection de Pologne (1), le mouvement des troupes russes ont amené d'Asie le fléau qui a depuis fait tant de ravages en Europe. *La Gazette de France* a été plus loin; dans un article très-remarquable elle a peint le choléra, comme accomplissant en silence une

(1) Nous avons appelé héroïque cette insurrection. Nous avons crié : Vive la Pologne! et nous chassons maintenant de Paris le comité polonais.

grande mission au milieu de nous, et s'est écriée :
Laissons passer la justice de Dieu ! La *Gazette* n'a pas
été poursuivie.

D'ailleurs la révolution de juillet n'a pas été faite
par le gouvernement. Il n'y avait pas de gouvernement
du roi le 29 juillet ; il se sépare de cette époque et
date du 7 août. Pourquoi donc M. l'avocat-général ,
ajoutant à notre pensée, reporte-t-il au gouvernement
les œuvres de la révolution?

Mais, avons-nous dit, *le ministère dissipateur d'ar-*
gent glisse furtivement dans nos lois des dispositions
fiscales. Pendant que la mort frappe sur les familles ,
à l'aide du fléau, on a voulu spéculer sur elles.

Cela est fort clair, messieurs les jurés ; il s'agit des
ministres et non du gouvernement.

La douleur est généreuse. Le ministère a profité de
la stupeur générale pour demander des impôts, qui lui
ont été accordés avec plus d'abandon, avec moins de
réflexion.

On n'accuse pas les chambres d'être complices ; au
contraire, elles ont été surprises, entraînées par leur
émotion. Il n'y a pas de gouvernement sans les chambres ; ce n'est donc pas le gouvernement qui est en
cause. *L'Ami de la Vérité* a interprété un fait ; il s'est
livré à une censure autorisée par l'article 4 de la loi
du 25 mars 1822. Quand bien même il y aurait quel-
que chose d'amer dans le journal que je défends , il a
usé d'un droit, et des ministres de la révolution ne
peuvent avoir la prétention d'être aujourd'hui exempts
des angoisses constitutionnelles.

Il est permis à chaque citoyen d'examiner la levée des impôts, leurs causes, les circonstances dans lesquelles ils ont été créés. Ils frappent le pauvre comme le riche, et surtout le pauvre pour lequel il n'y a pas de fardeau léger. C'est dans une matière aussi grave qu'une grande liberté appartient à la presse.

Que trouvez-vous dans les autres articles, messieurs les jurés? Des rapprochemens sur les contradictions du pouvoir, qui renie au fond son origine et ne s'en souvient que pour la forme.

Vous y trouverez les journées de juillet fêtées périodiquement avec grand apparat, et proscrites toute l'année comme un importun souvenir. Vous y trouverez l'invitation au pouvoir de proclamer franchement, sans restriction, les principes d'ordre, et de ne pas mêler des cris de joie officiels au deuil de la patrie. Mais tous les journaux reprochent quotidiennement au ministère sa conduite oblique, ses continuelles tergiversations. Elles sont dans le domaine de la discussion.

Vous trouverez encore une raillerie non insultante sur la longue épée de M. le préfet; de légères plaisanteries contre des hommes qui se sont fait distinguer par des singularités.

C'est pour cela que vous avez été arrachés à vos familles, à vos affaires.

L'article de la garde nationale aurait peut-être égayé le lecteur. Il ne lui aurait inspiré de haine et de mépris contre personne.

Le rire est français. Ne le proscrivons pas par un arrêt. Réservons pour les vrais coupables les poursuites, les réquisitoires, et surtout les condamnations.

Quant aux comédiens de quinze ans, ils se sont frappés eux-mêmes de réprobatian, en avouant et jetant publiquement le masque qui les couvrait.

La France est une terre de franchise et de loyauté. La France n'aimera jamais les comédiens!

———————

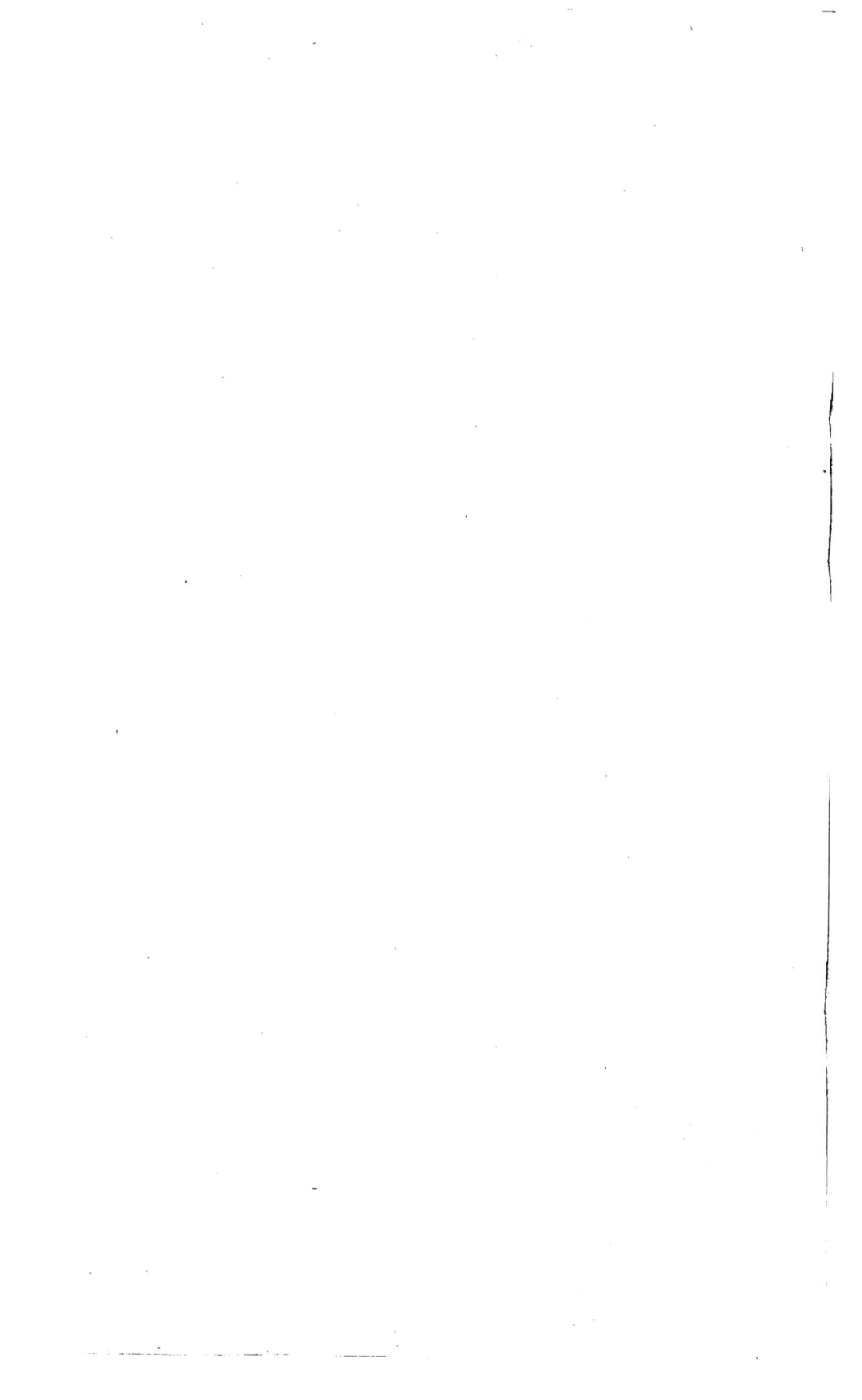

PLAIDOYER

POUR

M. GODEFROY.

LE DRAPEAU BLANC EST LE SEUL DRAPEAU FRANÇAIS.

Audience du 7 décembre.

MESSIEURS LES JURÉS,

En apprenant que *le Drapeau Blanc* était traduit en Cour d'assises, vous avez cru sans doute qu'une main séditieuse aujourd'hui avait relevé et promené audacieusement dans nos rues l'étendard proscrit. Vous ne pensiez pas qu'il ne s'agissait que de recherches historiques, et que l'érudition de l'auteur méritait des amendes et des emprisonnemens.

Lorsque des princes, qu'une émeute a renversés, étaient sur le trône de leurs aïeux, les journaux, avec

une grande hostilité, nous apprenaient chaque matin
que nous n'étions pas libres, que la pensée était esclave, et l'on agitait sans cesse aux yeux du peuple ce
qu'on nommait les chaînes de la restauration. Cependant les poursuites contre les écrivains qui préparaient
une révolution, qui prêchaient hautement la résistance,
étaient peu nombreuses. Les cours et les jurés absol-
vaient presque toujours. Les condamnés devenaient
des élus populaires auxquels on prodiguait des couronnes civiques et les souscriptions. On allait à la gloire
par la Cour d'assises. Cela voulait dire sans doute qu'il
fallait laisser librement circuler les idées, qu'elles se
corrigeaient mutuellement, et qu'avant tout il impor-
tait au pays de connaître les reproches, et jusqu'aux
soupçons contre la puissance.

Un trône nouveau, fondé par le principe populaire,
s'est élevé sur les débris de la vieille monarchie. Des
bases plus larges de liberté ont été posées. C'est surtout pour les journalistes auxquels on décernait les
honneurs du triomphe, pour ces échos sacrés de l'o-
pinion publique, que des lois plus généreuses ont été
promulguées. Le premier mot de M. le duc d'Orléans
fut pour les franchises des écrivains. La révolution a
mal compris les paroles de son roi. Les poursuites, les
condamnations contre la presse se multiplient avec
une effrayante rapidité. Dans quelques mois elles ont
dépassé le nombre de celles obtenues durant les quinze
années de *tyrannie* de la restauration. Voilà ce que
les journalistes des opinions les plus opposées procla-
ment aujourd'hui avec amertume.

Loin de nous la pensée d'autoriser le désordre,

d'appeler la guerre civile, de priver le pouvoir des moyens de répression contre les agitateurs; mais celui qui vit sous un gouvernement constitutionnel peut tout dire tant que la société n'est pas menacée par ses écrits, tant qu'il n'y a pas de sédition dans son langage. Des égards sans doute sont dus à la personne du prince; mais il est permis d'examiner sa vie publique et privée comme celle des autres citoyens, pourvu qu'on ne le blesse pas dans son honneur et sa délicatesse.

Le ministère est responsable, et en définitive c'est la majorité des chambres qui fait le ministère. Cette responsabilité du pouvoir serait complètement illusoire s'il était défendu de dénoncer les abus, d'attaquer la direction donnée aux affaires, de se plaindre de l'abaissement de la France. Son honneur surtout et sa gloire sont un patrimoine national. Ils parlent vivement aux cœurs pénétrés de l'amour de la patrie. Le droit de juger les ministres et leurs actes entre dans les attributions de la polémique *quotidienne*. C'est même un moyen de donner au gouvernement des avertissemens salutaires. Une voix ennemie est plus utile que ces suffrages intéressés que l'on prodigue à ceux qui distribuent les honneurs et les emplois.

Dans ces débats où *l'Ami de la Vérité* se trouve engagé, rappelez-vous, messieurs les jurés, que ce n'est pas avec un microscope judiciaire que vous devez chercher au fond d'une phrase une condamnation. Pourquoi torturer péniblement des mots pour découvrir l'intention secrète, l'intention criminelle de l'auteur? Le délit doit être patent, clair pour tout le

monde; et lorsqu'il ne sort que des subtiles disserta-
tions du ministère public, le coupable d'offenses envers la majesté royale, le véritable coupable n'est pas
sur le banc des inculpés.

L'accusateur s'arme toujours des antécédens, des
opinions du journal pour démontrer le péril d'une
absolution. C'est une question de tendance au lieu
d'une question toute spéciale, qu'il présente dans ses
réquisitoires.

Nous avouons hautement le passé, mais nous ren-
fermons l'accusation dans ses limites naturelles.

J'avoue que j'ai une grande confiance dans ma
cause. Avant de la connaître, j'étais effrayé. Mon
client, absent, avait été condamné, dans deux affaires,
à vingt-neuf mois de prison, à dix mille francs d'a-
mende, et l'*Ami de la Vérité* suspendu pendant deux
mois (1).

On brise, me disais-je, la *Gazette de Normandie*,
on exhume pour l'anéantir une peine depuis long-temps
abrogée; on traite son gérant en malfaiteur. Tant de
sévérités accumulées sur une seule tête supposent une
faute énorme. M. Godefroy n'aura donc pas lu les articles qu'une main incendiaire aura glissés dans son
journal. J'hésitais. Oui, messieurs les jurés, je ne savais
si je devais accepter une défense qui ne m'offrait que

---

(1) La défense a prouvé que l'article 15 de la loi du 18 juillet 1828, qui permet la suspension, était virtuellemens abrogé
par la Charte de 1830. *La censure ne pourra jamais être réta-
blie.* La confiscation est plus qu'une censure, c'est une confiscation.

des obstacles. En parcourant avidement les numéros que l'on dénonce, j'ai été entièrement rassuré.

Il est temps de lire avec vous ce morceau fort court, dans lequel la sagacité accusatrice de M. l'avocat-général trouve une excitation à la désobéissance aux lois, à l'article 67 de la Charte ; une excitation à la haine et au mépris du gouvernement du roi.

M. Godefroy, en recevant un article tout fait de Paris, et en l'insérant sans beaucoup d'examen, ne se doutait pas des poisons qu'il renfermait. Il n'y avait aperçu qu'un sentiment national. L'écrivain qui a expédié cette pièce qui soulève tant de colère dans le parquet de Normandie, ne pensait pas davantage au présent dangereux qu'il envoyait à un confrère de province.

Les susceptibilités de M. Persil qu'on aurait tort de mettre en état de suspicion de carlisme ou d'indulgence, ne se seraient pas éveillées à un simple récit historique contenu dans une feuille de la capitale, et la foudre eût dormi dans ses mains. Il paraît, messieurs les jurés, que l'œil des gens du roi est ici plus pénétrant.

Vous ne ferez pas dire à M. Godefroy : « A Paris je » n'aurais pas été poursuivi ; j'ai été condamné par mes » compatriotes ! »

Le drapeau blanc est le seul drapeau français.

Voilà le texte qui a excité les alarmes de l'accusation. Elle a trouvé la condamnation de ce qui existe et une contre-révolution dans quelques lignes. Elle n'a pas vu que ce texte n'était que la revendication d'un droit d'aînesse incontestable. Je ne sais, mais il me

semble qu'il y a au moins de l'imprudence à prendre
pour un affront fait au présent l'éloge du passé? Ne
saurait-on louer le drapeau de la monarchie, le drapeau
de la légitimité, sans insulter le drapeau des trois journées? Traduire en Cour d'assises un drapeau de quatre
siècles, répudier une longue prescription de gloire;
est-ce bien là une poursuite française?....

Ah! messieurs les jurés, nous ne sommes pas ex-
clusifs comme le ministère public. Pour nous, tout ce
qui a honoré le pays, tout ce qui a donné au peuple de
la grandeur et de la prospérité, est le patrimoine de la
France. Nous n'établissons aucune exception.

C'est la pensée de l'auteur, l'intention de l'article
que nous devons chercher; il ne nous faudra pas de
grands efforts pour les découvrir; nous n'aurons pas
besoin d'une interprétation forcée. Il nous suffira de
prendre les mots tels qu'ils sont avec leur signification
naturelle.

« *Nous croyons devoir rappeler une vérité aux lec-
teurs, remonter à la source des faits et examiner comment les choses les plus opposées se trouvent par une
bizarrerie de l'esprit humain interprétées dans un sens
contraire.*

C'est donc de l'histoire, rien que de l'histoire que
l'on va faire?

Dans plusieurs journaux, dans toutes les phrases
d'apparat on dit, on publie que le drapeau tricolore
est le drapeau national.

Que l'on déclare que ce drapeau est le seul qu'il soit
permis d'arborer aujourd'hui, que devant ses couleurs
a tremblé l'Europe, qu'il a incendié le monde, qu'il

a marché à de sanglantes et funestes conquêtes, personne ne songera à contester, et nous adopterons tous
les triomphes de nos armées ; qui donc a jamais voulu
proscrire les hauts faits de nos braves? Loin de nous,
les Bourbons s'associaient, par un mouvement spontané
du cœur, à des succès qui les condamnaient à l'exil en
consacrant l'usurpation; et ils ne pouvaient retenir en
présence de l'étranger le cri généreux de l'orgueil
national. Un soldat exaltait devant le duc de Berri les
batailles de l'empire. Le prince que depuis un monstre,
l'homme a frappé, répondit : Que ne fait-on pas avec
des Français !

Si ce drapeau tricolore, empreint de gloire et de
tristes souvenirs, emblême de malheur, mais qui est
aussi un drapeau français, quand il est porté par des
mains françaises, a été compromis, n'est-il pas permis
à une plume animée par l'amour de la patrie, de signa-
ler, de flétrir les coupables ?

A Carthage, après une défaite, un général expirait
dans des tourmens affreux, et à Rome on rejetait les
protocoles devant un ennemi vainqueur.

L'article incriminé ne combat *historiquement* que le
mot *national* appliqué au drapeau tricolore, et le res-
titue au drapeau blanc. On ne déshérite pas un drapeau de son origine et de son ancienneté. On attaque
les hommes et les gouvernemens, on déplace violem-
ment les couronnes, on distribue les places, les honneurs ; on ne change pas les faits ; ils sont inflexibles.
Nous allons vous les rappeler.

Un grand mouvement social s'opérait en France. Le
torrent des idées nouvelles entraînait les meilleurs

esprits. Lorsque le malheureux Louis XVI, plein du désir de satisfaire aux besoins de son époque, sacrifiant avec joie ses intérêts à ce qu'il croyait le bonheur de la patrie, marchait de concessions en concessions, des révolutionnaires éteignirent sa voix, dénaturèrent ses intentions, et se placèrent entre lui et son peuple. Pour briser le sceptre dans les mains du roi et détruire cette longue chaîne des temps qui liait la France et le prince, on abattit l'antique drapeau de Versailles et des Tuileries. On voulut un *nouveau signe*, un *nouveau symbole* pour consacrer l'abolition de la vieille royauté.

Il n'y avait encore rien d'arrêté à ce sujet. En 89, au Palais-Royal, au milieu d'une émeute, une troupe de jeunes gens prirent tout à coup la cocarde verte. Cela ne remplissait pas les vues des meneurs secrets des rassemblemens. Laclos, connu par ses intrigues et ses *liaisons dangereuses*, l'ami du duc d'Orléans, exilé avec lui en Angleterre, Laclos qui prit une part si active à l'assassinat de Louis XVI, Mirabeau dévoué également alors au duc d'Orléans, et qui depuis s'en détacha avec tant de mépris, représentèrent que le vert était la couleur de *Monsieur*, comte d'Artois. Ils proposèrent le *rouge*, le *bleu* et le *blanc*.

La livrée des Bourbons de la branche cadette était un habit rouge avec galon bleu et blanc. La livrée des Bourbons de la branche aînée était un habit bleu avec galon blanc et rouge.

Voilà pourquoi Louis XVIII, qui avait un tact admirable, répondit à ceux qui lui demandaient les trois couleurs : *Je me garderai bien d'imposer ma livrée à la nation.*

Certes, une livrée n'a rien de national.

L'Ami de la Vérité a donc pu dire : *Le duc d'Orléans d'alors, dont la lâche ambition poussait à l'échafaud son parent et son roi, fut la cause de ce changement. Il voulut donner ses couleurs au peuple français, et le drapeau d'aujourd'hui est le drapeau orléanais. Ces trois couleurs, à l'aide desquelles on est parvenu à soulever le peuple, ne sont que la livrée d'un prince, et de quel prince....*

Si dans ces paroles il y a du mépris pour le père, le fils n'a pas le droit de s'en plaindre aux tribunaux et par ses procureurs. Une couronne jetée dans une famille n'absout pas les prédécesseurs dont la vie avec ses souillures appartient à la justice et à l'histoire. Lisez, messieurs les jurés, le Mirabeau de Jules Janin. Lisez ces pages brûlantes qui mettent un grand coupable au pilori de la postérité. Les amis *du duc d'Orléans* le repoussèrent avec horreur et l'appelèrent monstre au moment où il étonna la Montagne elle-même par son vote sanglant. *L'Ami de la Vérité* n'a pas été jusque là.

Ouvrons le Dictionnaire de l'académie, nous y verrons que *national* ne signifie pas *qui est d'une famille*, mais *qui est de toute une nation*.

Les trois couleurs appartenaient à une maison ; la couleur blanche appartenait à la France, voilà ce qu'à dit, voilà ce que pouvait dire l'*Ami de la Vérité*.

C'est dans l'histoire que je puiserai toute notre justification.

L'oriflamme de France était rouge. C'est devant elle qu'ont fui tant de rois barbares. C'était la croix rouge sur la poitrine que les croisés marchaient à la délivrance de la terre sainte.

En 1415, après la malheureuse bataille d'Azincourt, les crimes d'Isabeau de Bavière, la défection honteuse du duc de Bourgogne, de fatales divisions livrèrent le royaume aux Anglais. Leur prince osa se croire roi de France. Il en prit le titre avec la couleur rouge. Portée par nos mortels ennemis, elle cessa d'être française.

Le peuple, les soldats, l'élite du pays restée fidèle au malheur, au souverain, au souverain légitime, choisirent la couleur blanche. Elle était celle des premiers Francs. C'est avec cette couleur, emblème de force et d'innocence, qu'une fille inspirée qui a trouvé en Normandie un tombeau et le martyre, que Jeanne d'Arc courut délivrer Orléans, écraser nos orgueilleux ennemis, et faire sacrer à Reims Charles le victorieux. C'est avec la blanche oriflamme que l'Anglais a été chassé de vos contrées et refoulé au-delà des mers ; et c'est par vous qu'on veut faire condamner le drapeau blanc, par vous qu'il a rendus à la France, qu'il a affranchis du joug de l'étranger!...

Les cœurs nationaux ne renieront pas le drapeau de Bayard, de Luxembourg, de Villars, de Condé, de Turennes, le drapeau qui a conquis Alger, et le premier de toute l'Europe a flotté sur le fort de l'empereur et de la Casauba. Les cœurs nationaux ne renieront pas le drapeau de *Fornouë, Marignan, Cerisoles, Nerwinde, Rocroi, Denain, Fontenoi, Renti, Fontaine-Française.* Les cœurs nationaux ne renieront jamais le drapeau de Henri II, de Henri IV, le drapeau de Henri!... ce nom toujours malheureux, mais toujours victorieux !...

' On n'obtiendra pas de vous que vous déclariez que des souvenirs de gloire et de bonheur sont des souvenirs séditieux.

L'*Ami de la Vérité* a-t-il donc demandé que l'on arrachât le drapeau tricolore qui couvre nos clochers et nos monumens publics? Non sans doute, et nous le laissons même sans murmurer, sur le pont-Neuf et sur la place des Victoires, entre les mains du Béarnais et de Louis XIV, auxquels la révolution de juillet a confiés on étendard.

L'*Ami de la Vérité* ne parle qu'avec respect du drapeau de Marengo, d'Iéna, d'Austerlitz. Il dit que *l'aigle* est digne de s'unir au lis.

La phrase qui précède n'est pas une excitation à la haine ou au mépris du gouvernement. C'est un reproche adressé aux ministres dont il est toujours permis de critiquer les actes. Voici cette phrase : *Depuis les barricades cet étendard est perdu dans l'opinion; depuis lors, au lieu de commander à l'univers, il n'a su que reculer et flotter sous les murs de Lisbonne.*

Ces lignes renferment un magnifique éloge du drapeau tricolore : *il commandait à l'univers.* Son abaissement est le résultat inévitable de la politique des hommes qui ont tourné à leur profit les barricades, des hommes du 13 mars, et de leurs tristes continuateurs.

Notre cabinet a eu des démêlés avec don Miguel. Un matin le *Moniteur* annonça que le pavillon français flottait *sur* les murs de Lisbonne. Cette proclamation belliqueuse fut démentie le lendemain. C'était *sous* les

murs de Lisbonne que se déployait le drapeau doctri-
naire. Une risée générale, un cri de colère accueillit
cette humiliante rectification.

Supposons que *l'Ami de la Vérité* ait imprimé :
« Depuis les barricades nous avons reculé devant toutes
» les puissances. Notre diplomatie timide n'en impose
» ni à un duc de Modène, ni à un roi de Hollande.
» Nos ambassadeurs ont le chapeau bas. A peine le
» Czar daigne-t-il jeter un regard sur l'envoyé de France,
» et la perfide Angleterre se joue de notre faiblesse et
» de nos craintes. *Le ministère est perdu dans l'opi-*
» *nion.* »

Que trouverait-on dans ce langage qui n'ait pas été
mille fois répété en termes énergiques ? C'est le thème
quotidien de toutes les feuilles périodiques.

Un mot échappé sur le drapeau ne dit pas davantage ; il dit même beaucoup moins. Un drapeau n'est
discrédité que par l'usage qu'en font ceux qui le
portent.

Que le drapeau tricolore soit remis à des hommes
forts, à un grand guerrier, comme le drapeau blanc,
il reprendra le premier rang qu'il avait toujours eu
parmi les nations.

L'Ami de la Vérité a établi une différence entre le
drapeau de l'empire et le drapeau de M. Sébastiani. Il
faut bien en convenir, *un coq n'est pas un aigle* !...

Mais nous avons dit, en parlant des trois couleurs :
« *Nous rougirions de porter la livrée de qui que ce*
« *soit.* »

Qu'y a-t-il donc de coupable dans ces paroles ? Que
le souvenir de la livrée du duc d'Orléans soit une cause

insurmontable de répugnance pour un esprit qui se révolte à l'idée de servitude, que l'on ne veuille pas se parer des trois couleurs, rien de plus licite. Admettons que, dans un corps-de-garde, un garde national ait refusé de prendre la cocarde tricolore, aura-t-il excité à la haine ou au mépris du gouvernement ? le traduira-t-on devant une Cour d'assises ? Il sera puni disciplinairement, comme ayant manqué à son service. Un arrêt de la Cour de cassation est formel à cet égard.

Le ministère public a bien compris que l'application de l'art. 4 de la loi du 25 mars 1822, lui échappait. *L'Ami de la Vérité* n'a excité ni à la haine, ni au mépris du gouvernement. Il a raconté, il a censuré un système ministériel, un système de mollesse ; voilà tout.

M. l'avocat-général s'est réfugié dans la Charte de 1830. L'art. 67 est ainsi conçu : « *La France reprend* « *ses couleurs. A l'avenir, il ne sera porté d'autre* « *cocarde que la cocarde tricolore.* »

Les législateurs de juillet avaient leurs motifs pour s'exprimer ainsi. Ils n'examinaient pas la question historique. Elle est indépendante des temps et des circonstances. Aujourd'hui le drapeau tricolore est un fait, et ce fait n'est pas contesté par *l'Ami de la Vérité.*

C'est avec la loi du 17 mai 1819 que l'on prétend venger le prétendu manquement de respect à la Charte de 1830. L'art. 6 punit d'amende et d'emprisonnement la provocation à la désobéissance aux lois. La Charte de 1814 ne contenait aucun article sur le drapeau. La loi de 1819, faite sous l'empire de cette

Charte, ne réprimait donc pas les délits envers l'étendard national.

D'ailleurs, que doit-on entendre par provocation à la désobéissance aux lois? Que dans un journal on publie qu'un soldat ne doit pas se rendre à son régiment, qu'il faut s'insurger contre l'autorité agissant au nom des lois, voilà le délit que l'on a entendu atteindre. Il s'agit ici de l'appel à une résistance qui enchaîne l'action du pouvoir, neutralise ses efforts, et l'empêche de marcher.

Le ministère public répondra : « Mon drapeau « impuissant est donc livré sans défense à toutes les « attaques, à tous les outrages? » Non, messieurs les jurés.

Les lois du 17 mai 1819 et du 25 mars 1822 ont spécifié les cas où le drapeau est compromis ou insulté par des faits, des écrits, des paroles.

Ces lois punissent l'enlèvement et la dégradation des signes publics de l'autorité royale, opérés par haine ou mépris de cette autorité. (Loi du 17 mai 1819, art. 5, nᵒ 2. Loi du 25 mars 1822, art. 8, 9, nᵒ 1.)

L'art. 8 de la loi du 25 mars 1822 réprime tous cris séditieux publiquement proférés.

Celui qui aura porté une main injurieuse sur le drapeau, ou aura crié : *A bas le drapeau tricolore!* sera passible d'un châtiment. Il faut contre le drapeau une violence ou une provocation à la violence Une discussion paisible est innocente, parce qu'elle ne saurait troubler l'état des choses, et causer le moindre désordre.

Les amis des antiques auraient pu très-légalement faire l'éloge du drapeau rouge, mais il a été souillé par les Anglais.

Si pour désarmer les partis qui s'observent et sont prêts à se déchirer; si, comme moyen de conciliation, on offrait au roi Louis-Philippe la cocarde blanche, comme autrefois la cocarde tricolore à Louis XVI; et, comme on prétend que des rêveurs l'ont proposée à monseigneur le duc de Bordeaux, il n'y aurait là ni crime, ni délit. Le royal émigré ne se parait-il pas autrefois de la cocarde blanche; et, dans l'exil n'était-il pas heureux de se réconcilier avec elle?

Près Saumur, lors de la révolte de Berton, le général Lafayette monta à la tribune, et fit l'éloge du drapeau tricolore en présence de la royauté et de la sédition. M. Lafayette ne fut pas mis en jugement, ni inquiété. Les lois ne le permettaient pas; et ce sont ces lois que l'on invoque contre nous!

Notre poète lyrique Béranger a déversé impunément toute l'amertume de sa verve sur la cocarde blanche, et il ne dut sa condamnation qu'à une outrageante ironie adressée au vieux roi, dont le retour nous arrachait aux malheurs de l'invasion.

L'un de vos poètes, M. Destigny, appelle le drapeau tricolore:

« Le *drapeau sali* des Lapons du système.

A Chartres, M. Dutemple de Rougemont avait détruit publiquement une cocarde tricolore peinte sur un jouet d'enfant, et avait dit: Cette *sale cocarde*. La chambre d'accusation a renvoyé M. Dutemple de Rougemont.

Le Revenant a imprimé ces mots si touchans de monseigneur le duc de Bordeaux :

« J'aurai mon drapeau tricolore, le *bleu*, le *blanc* et le *vert*. Le blanc, *c'est la couleur de la nation;* le bleu, celle du royaume; le vert est l'espérance des biens que la restauration doit apporter à la France. — Le rouge !... je n'en veux plus. Il a fait couler trop de sang pendant la révolution. »

Vanter un drapeau qui n'est plus celui du gouvernement, ce n'est pas commettre un délit; et, pour que le drapeau du pouvoir soit insulté, il faut *cris séditieux, dégradation, souillure, enlèvement.*

C'est avec une intime conviction, messieurs les jurés, que je suis venu vous soumettre les moyens qui justifient mon client, et mon opinion sur cet incroyable procès. Je conçois fort bien que tout ce qui renferme un appel à la violence, que des discours et des écrits incendiaires soient l'objet des réquisitoires du ministère public. Mais sera-t-il donc défendu d'arrêter avec complaisance un regard ému sur les pages de notre histoire? Ah! ne comprimons pas ces élans de l'orgueil national! Ils partent d'un sentiment généreux.

Ceux qui s'associèrent à la captivité d'un grand homme, ceux qui suivirent Napoléon sur le rocher où il expira dans les privations et les tortures anglaises, ont passé à Sainte-Hélène les années les plus glorieuses de leur vie. L'aigle dans leurs mains, n'était pas un crime aux yeux de la restauration. Il n'était plus que le symbole du courage et du malheur.

Laissez au drapeau blanc ses souvenirs de grandeur. On n'efface pas des siècles. On vous demande un *ver dict* qui réjouirait nos mortels ennemis d'outre-mer, que le drapeau blanc a tant de fois humiliés.

Ce n'est pas dans l'intérêt d'un parti que l'on courtise dans la victoire et que l'on calomnie dans l'adversité, que je m'adresse à vous. C'est au nom de la justice et de votre propre dignité que j'attends une absolution. Vous ne serez jamais les dociles instrumens d'une attaque systématique contre la presse; vous ne briserez pas la seule arme qui nous reste contre le pouvoir. Les chaînes dont vous chargeriez *l'Ami de la Vérité* pourraient demain retomber sur vous, et vous n'auriez alors ni le droit, ni la possibilité de vous plaindre. Liberté et protection égale pour tous! Ceux qui veulent détruire tous les échos de l'opinion publique, se trompent étrangement s'ils croient trouver la paix dans un morne silence!...

M. Godefroy déclaré coupable pour les articles contenus dans les journaux des 15 mars, 6 mai et 2 août, a été condamné à quinze mois de prison et 4,000 fr. d'amende.

Deux articles avaient été pris dans *le Temps* et la *Gazette du Lyonnais*. Ces articles non poursuivis avaient été affaiblis par plusieurs suppressions.

Voilà ce qui donnait tant de confiance au ministère public dans la dernière affaire contre M. de Grainville et M. Godefroy; on semblait attacher une grande importance à la condamnation. Les espérances du parquet ont été trompées.

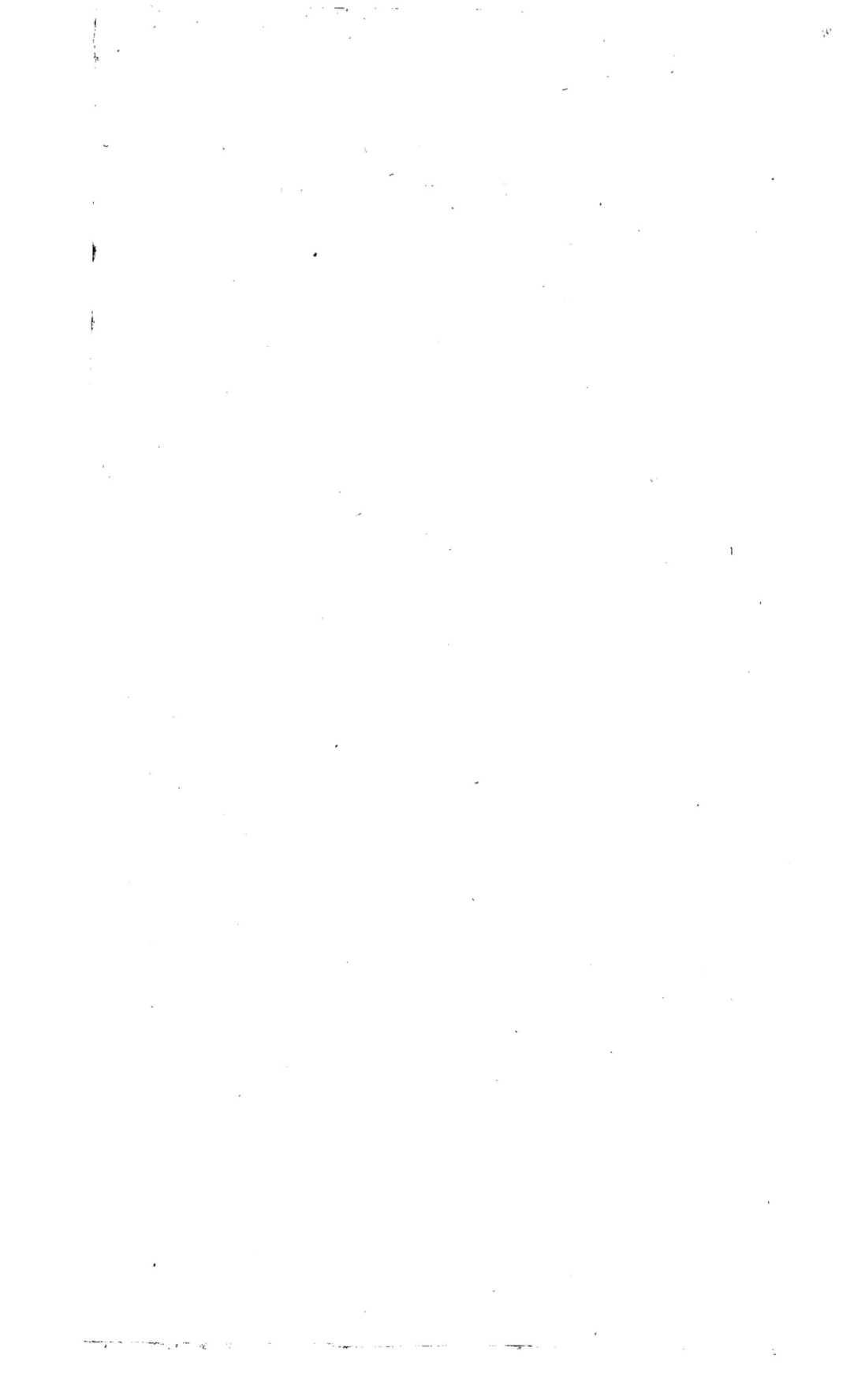

www.ingramcontent.com/pod-product-compliance
Lightning Source LLC
Chambersburg PA
CBHW070902210326
41521CB00010B/2024